멀티미디어 시대의 전략적 글 읽기

# 멀티미디어 시대의 전략적 글 읽기

**초판1쇄 인쇄** 2006년 9월 11일 | **초판1쇄 발행** 2006년 9월 18일

**지은이** 고은미, 류수열, 박인성, 박정미, 송지영, 이수라, 장미영, 장원길, 주경미, 최경호, 편영수

**펴낸이** 최종숙 | **편집** 이은희 · 공혜정 | **펴낸곳** 도서출판 글누림

**등록** 제303-2005-000038호(등록일 2005년 10월 5일)

**주소** 서울 성동구 성수2가 3동 301-80 (주)지시코 별관 3층

**전화** 3409-2055 | FAX 3409-2059 | **이메일** nurim3888@hanmail.net

ISBN 89-91990-33-9  03370

정가 : 12,000원

# 멀티미디어 시대의 전략적 글 읽기

고은미, 류수열, 박인성, 박정미, 송지영
이수라, 장미영, 장원길, 주경미, 최경호, 편영수

## 머리말

누군가는 현대인을 가리켜 '고대인이라는 거인의 어깨 위에 올라탄 난쟁이'라 했다. 난쟁이는 거인의 어깨 위에 올라앉았기에 거인보다 더 높은 시선을 가지고 더 먼 곳을 볼 수 있지만, 그것은 어디까지나 '거인의 어깨 위'라는 제한적인 상황에서만 가능한 능력이다. 오늘날 우리가 가진 모든 안목은, 그러니까 우리의 선조들이 과거에 이룩해 놓은 지식과 지혜를 바탕으로 삼고 있다는 뜻이겠다.

우리가 그들 고대인보다 양적으로 더 풍부하고 질적으로 더 진보된 지식을 지니게 된 것은, 당연히 독서의 힘이다. 그들이 누렸던 지식, 그들이 지녔던 지혜, 그들이 쌓았던 경험은 글을 통해 우리에게 전수된다. 우리가 키 작은 난쟁이로 머물지 않고, 거인의 어깨 위에 올라탄 난쟁이가 되기 위해서는 필연적으로 그들이 남긴 글을 받아들여야 한다.

그러나 무조건 글을 많이, 그리고 자주 읽는다고 해서 자연스럽게 그들의 등을 타고 어깨 위에 올라설 수 있는 것은 아니다. 누군가는 애써 땀만 빼고 허리춤에도 혹은 무릎께에도 미치지 못할 수도 있다. 우리는 같은 힘을 쓰더라도 가급적이면 좀 더 쉽게 그 경지에 이를 수 있기를 바라는 마음에서 이 책을 만들었다. 이 책은 독자들이 꼼꼼한 독서, 스스로 생각하는 능동적인 독서, 나아가 글을 평가하고 감상하는 비판적인 독서, 그리고 독서 경험을 오래도록 기억하고 활용할 수 있는 길을 안내하기 위해 만들어진 교본이다.

이 책에 제시된 글 읽기의 전략이나 방법이 전혀 새로운 것은 아니다. 우리가 지금까지 독서를 하는 과정에서 적용해 왔던 전략들이고, 실천해 왔던 방법들이다. 다만 이 책에서는 도처에 산재해 있던 단편적인 기법들을 갈고 다듬어 체계적으로 정리해 본 것이다.

누군가는 또 '읽기는 곧 다시 쓰기'라 했다. 어떤 텍스트를 읽는 순간 자신만의 새로운 텍스트를 구성한다는 뜻이다. 그만큼 능동적인 독서가 이루어져야 한다는 뜻이기도 하다. 이 책 한 권이 이와 같은 가장 바람직하고 이상적인 독서법을 모두 알려줄 수는 없을 것이다. 그러나 이 책에서 제시한 여러 가지 독서 전략을 반복적으로 익히고 실행한다면, 최소한 거인의 발에서부터 어깨에 이르는 거리를 훨씬 더 단축할 수 있는 길은 발견할 수 있으리라 믿는다.

2006년 8월 저자 일동

# CONTENTS

# 2부 단계별 독서 방법

# 3부 장르별 독서 방법

1부
# 글 읽기의 기초

# 1장 ★★★
# 글 읽기의 의의
## ─왜 읽어야 하나?

우리는 어려서부터 귀가 아프도록 책을 많이 읽으라는 소리를 들어왔다. 그리고 왜 책을 읽어야 하는지에 대한 '진리 같은' 공감된 답변도 가지고 있으며, 책 읽기의 가치에 대해서도 거의 대부분의 사람들이 인정을 하고 있다.

독서의 가치와 의미에 대하여 다들 그 중요성을 인정한다면 책 읽기는 일상이 되어야 하고 자연스러운 문화 현상이 되어야 할 텐데, 한국인의 독서량에 대한 조사 결과를 전하는 이런저런 대중매체들의 이야기는 아직도 '책 읽지 않는 한국인'이라는 오명의 굴레를 벗어던지지 못하고 있다.

책 읽기의 가치와 중요성에 대해서는 누구나 인식하면서도 '책 읽지 않는 한국인'에서 벗어나지 못하는 이유는 무엇일까? 이는 독서의 가치에 대한 인식이 자발적이고 체험적인 인식이 되지 못하고 지식적 차원에 머물러 있기 때문이라고 볼 수 있다. 정작 본인은 책을 읽지 않으면서 다른 사람에게는 책을 읽으라고 권한다. 그러나 또 다른 상황이 되면 공부하는 시간을 빼앗는 '딴짓거리'로 인식하는 것이다. 또한 우리의 책 읽기는 어린 시절의 책 읽기를 제외하고는 대부분 자발적인 책 읽기가 아닌 시험을 위한 책 읽기, 과제를 위한 책 읽기였기에 시험과 과제가 필요하지 않은 상황이 되면서 책은 우리의 손에 들려질 기회를 얻지 못하게 된 것이다.

법정 스님은 한 강연회에서 "우리의 삶에는 다양한 것들이 영향을 끼치지만 책의 영향력이 가장 막중하다. 책은 자신을 바로 세우고 세상을 보는 눈을 뜨게 한다"며 "내 곁에는 무엇이 있나? 맛있는 차, 들을 수 있는 음악, 읽을 책이 있어 난 참 행복하다. 지금 내 곁에 책이 없다면 무슨 재미로 살까"라는 '책 행복론'을 말하였다. 책의 재미, 책의 가치를 체험적으로 깨닫지 못한 사람에게서는 나올 수 없는 말이다.

이제 우리는 책 읽기를 스스로 가치 있는 행위로 인식하고, 그 가치를 체험적으로 깨달아야 한다. 그러기 위해서는 자발적인 책 읽기가 이루어지도록 해야 한다. 실용적이며 사무적인 정보전달 위주의 책 읽기에서 벗어나 자율적인 독서 원리를 주조로 하여 책 읽기가 '자기 교육'의 상태를 추구하도록 해야 한다. 또한 책 읽기의 가치에 대한 사회·문화적 인식이 하나의 문화 운동으로 펼쳐져야 한다. 책 읽기의 가치에 대한 인식이 각 개인의 체험적 인식이 되고 그 가치에 대한 사회·문화적 분위기가 조성될 때 우리의 독서 문화는 바뀔 수 있을 것이다.

책 읽기, 글 읽기의 가치에 대하여 곱씹어 보아야 할 이유가 여기에 있다.


## 1. 글 읽기와 삶

우리는 살아가면서 많은 책을 읽고 또 읽으려 한다. 왜 이렇게 책을 읽고 읽으려 하는 걸까? 이 질문에 대한 대답은 사람에 따라, 그리고 상황에 따라 다양하게 나타날 수 있다. 필요한 정보를 얻기 위해서 읽기도 하고, 지적인 성장을 위해서 읽을 수도 있으며, 때로는 단순히 재미를 위해, 시간을 때우기 위해서 책을 읽기도 한다.

이렇게 지적 성취감을 얻거나 재미를 위해 책을 읽는다고 하지만 '책을 읽는다'는 의미는 단지 어떤 일회적인 행동만을 의미하지는 않는다. 모든 인간은 어떤 특정한 자극이 오면 반응을 나타내게 되어 있는데, 글 읽기는 독자의 사고를 촉발시키는 매우 훌륭한 자극물이 되어 반응을 이끌어낸다. 글을 읽으면서 우리는 자기 나름대로 사고력과 상상력을 동원하여 글이 전하는 의미나 이미지에 정서적, 논리적으로 반응하게 된다.

그래서 어떤 목적으로 글을 읽든지 간에 글을 읽는 지적 행위가 일어나는 순간 우리의 지적인 인식 체계 및 감성적 체계는 변화를 겪게 된다. 이미 가지고 있던 인식 세계의 재구조화 및 감성의 구체화 등이 글 읽기를 통한 반응으로 나타나게 되는 것이다. 이런 점에서 표면적인 특별한 목적이 없는 글 읽기도 글을 읽는 것 자체로 나름의 가치를 가지게 된다. 그렇다면 그 가치는 구체적으로 무엇일까?

세상을 살아가면서 우리는 수많은 경험을 하게 된다. 아니 인간의 삶 자체가 경험의 연속이라고 할 수 있을지도 모른다. 그리고 그 경험을 통해서 나름의 가치관과 세계관을 세우고 세상을 인식해 나간다. 이런 점에서 볼 때 인간이 나이를 먹어간다는 것은 결국 세상사의 경험을 넓혀가는 과정으로 볼 수 있으며 경험은 세상사에 대한 지혜를 축적시키며 지식을 확장해 가는 과정으로 볼 수 있다. 대개 경험이 풍부한 사람이 세상을 보는 안목이 넓고 깊은 이유가 바로 여기에 있다. 경험의 차이가 사고의 차이를 만들기 때문에 세상을 보는 안목이 다를 수밖에 없는 것이다. 따라서 경험을 넓히는 것은 세상을 인식하는 안목을 확대하고 심화시키는 중요한 기제가 된다.

그런데 시간적·공간적으로 제약을 받을 수밖에 없는 직접 경험은 그 양과 폭에 있어서 제한이 있을 수밖에 없다. 이런 점에서 독서를 통한 간접 경험은 중요한 의미를 갖는다. 책을 읽는 것은 가장 농축된 간접 경험의 통로이며, 가장 폭넓은 통로가 되기에 인간은 독서를 통해 경험의 무한 확장이 가능하게 된 것이다.

한 가지 더 생각해야 할 것은 경험 그 자체보다 경험을 어떻게 내재화하고 인격적으로 성숙시켰는가에 따라 경험의 가치가 달라진다는 점이다. 경험은 한 개인의 인격적인 성장이나 성숙으로 발현되지 않으면 단지 보고 들은 것, 아는 것 이상의 가치를 지니지 못한다. 경험이 세상을 파악하는 안목의 확대와 심화로 나타나기 위해서는 경험을 끊임없이 자기화하는 사고의 습관이 필요하다.

우리는 흔히 왜 책을 읽느냐는 물음에 세상을 보는 안목을 넓고 깊이 있게 하기 위해서 책을 읽는다고 대답한다. 이는 책을 읽는 것이 단지 경험을 넓힌다는 의미만 갖는 것이 아니라 다양하고 깊이 있게 사고할 수 있는 바탕을 마련해 주기도 한다는 것을 의미한다. 즉 독서가 사고의 깊이와 폭을 확대시키는 장을 제공하는 것이다. 비슷한 환경에서 비슷한 시간을 살았는데도 사람마다 세상을 보는 안목의 깊이와 폭이 다른 이유는 바로 간접 경험의 차이에서 오는 것인데, 경험을 끊임없이 자기화하는 사고의 습관을 독서가 제공하기 때문인 것이다. 결국 책 읽기는 그 자체로 인간의 성장 및 성숙을 꾀하는 가장 효과적인 경험이 되는 것이다.

세계 여행을 해 본 사람과 그렇지 않은 사람이 세상을 보는 안목이 같을 수 없듯이, 어떤 책 한 권을 읽어 본 사람과 그렇지 않은 사람의 생각에는 차이가 있을 수밖에 없다. 이는 단순히 무엇을 알고 모르고의 차이에 머무르지 않고 무엇을 생각할 수 있고 없고의 차이로 나타나기 때문이다. 사고의 차이가 안목의 차이로 나타나는 것이다. 여기에 책 읽기의 가치와 중요성이 있다. 오랜 세월 동안 많은 선각자들이 글 읽기를 독려했던 이유도 바로 이 때문이다.

# 그대를 도와줄 모든 것이 책 속에 있다오

책은 배신하지 않는다. 영화는 볼 때마다 주인공에 매료되고 끌리고 하면서 자꾸 나와 현실적인 관계를 비교한다. 저 여자와 만났으면, 데이트했으면 한다. 그래서 사람을 정서적으로 불안하게 하고, 욕망하게 하고, 작은 일에 분노하고 슬퍼하게 한다.

하지만 책은 나 자신과 함께 성장한다. 읽을 때마다 새록새록 새로운 공감과 감동을 준다. 분명 똑같은 책인데도 책이 나를 따라 성장하며 변한다. 내가 원하는 시간에 항상 거기에 있으면서도 항상 새로운 얼굴이다. 그러면서 세상을 길게 보게 해 준다. 작은 일에 슬퍼하지 않고 이길 수 있는 힘을 준다. 특히 많은 사람들이 고전이라 부르는 양서(良書)들은 시간의 굴레에 갇히지 않고 시대에 맞는 새로운 깨우침을 준다.

특히 청년기의 독서는 평생의 이성(理性)과 열정을 보장해 줄 에너지의 탱크를 채우는 일이다. 어른이 되면서 겪는 아픔과 혼란을 이겨내고 인생의 좌표를 세울 수 있는 가장 믿을 만한 방법이기도 하다. 인생과 세상을 배우는 방법은 많다. 우선 보고 듣는 것이 지식과 지혜의 원천이다. 견문이 넓을수록 생각이 깊어지고 바르게 행동할 수 있다.

그런데 보고 듣는다고 해서 깨치는 것은 아니다. 사물의 이치를 탐구하려는 마음이 있어야만 견문과 체험을 마음의 양식과 생활의 지혜로 눌러 담을 수 있다.

새로 접하는 사물의 이치를 터득하려면 그 정보를 분석하여 대뇌 속에 담는 프로그램이 마련되어 있어야만 한다. 그 프로그램을 구축하는 가장 효과적인 방법이 지속적인 독서다. 물론 TV를 비롯한 영상물에서도 지식과 정보를 얻을 수는 있지만 이는 자극을 수동적으로 받아들이는 과정이다. 반면 독서는 책과 나의 쌍방향적인 대화이며 만남이며 스킨십이다.

책 대신 영상물, 독서 대신 레저가 자신들의 시대를 호령하고 나선 지 오래다. 영상시대의 도래가 문자시대의 종말을 재촉하고 있다는 진단도 득세하고 있다. 과연 책 없는 세상이 곧 도래할까? 결코 그렇지 않을 것이다.

지난 수천 년 동안 인류가 이룩한 찬란한 문명은 문자라는 매개체를 활용한 성과이다. 설령 인류가 변종되더라도 문자와 이성의 체계는 고스란히 전승될 것이다.

이제 스무 살의 들녘으로 나아갈 젊은이들이여, 그대를 도와줄 모든 것이 책 속에 있다오. 그대가 지치고 두려워 위로와 지혜를 얻고자 할 때 그대의 귀에 그걸 속삭여 줄 목소리는 모두 책 속에 담겨 있다오.

— 안경환, 『그대를 도와줄 모든 것이 책 속에 있다오』

### 실전연습 1

글을 읽은 경험이 자신의 삶을 변화시킨 적이 있는지 각자 이야기해 보고, 친구에게 권하고 싶은 책이나 글을 추천해 보자.

## 2. 글 읽기와 공부

글을 읽는 것과 공부를 하는 것은 관계가 있을까? 없을까? 이런 질문을 하면 많은 사람들이 우문(愚問)이라 생각하여 웃어버릴 것이다. 왜? 글 읽는 것과 공부하는 것은 당연히 관련이 있으니까. 진리의 전당, 학문의 전당이라 부르는 대학에서 도서관이 갖는 상징성도 바로 글 읽기와 공부의 상관성에 바탕을 두고 있다.

'공부'의 사전적 의미는 '학문이나 기술을 배우고 익히는 것'이다. 글을 읽는 것과 공부가 밀접한 관련이 있다는 것을 자연스럽게 수긍하는 것은 공부하기 위하여 제시되는 많은 학습 자료들이 텍스트 자료이기 때문일 것이다. 즉 학문이나 기술을 배우고 익히는 데 적어도 글을 읽는 활동은 기본적으로 요구된다.

그런데 대학 입시와 같은 큰 시험을 앞두고 소설이나 기타 다른 책을 읽고 있으면 이는 '공부는 하지 않고 딴짓거리나 하고 있는' 것으로 전락한다. 이때의 '공부'는 교과서나 참고서에 나와 있는 내용들을 밑줄 치고 동그라미 치고 연습장에 새까맣게 반복해 써가며 머릿속에 억지로 집어넣는 것이라고만 생각하고 있기 때문이다.

설사 공부를 어떤 특정 목적을 위하여(예를 들면 대학입시나 특정 시험에 합격하기 위하여) 단편적인 지식을 배우고 익혀 머릿속에 저장시키는 활동으로 인정한다고 하더라도 글 읽기와 공부의 관계는 밀접하다.

공부를 하면서 얻는 지식들은 단편적으로 존재하는 것이 아니다. 설령 우리가 단편적으로 지식 조각들을 받아들였다 할지라도 인간의 인식체계 내에서는 이미 알고 있던 지식들과 새롭게 알게 된 지식 조각들을 끊임없이 유형화하고 구조화하여 새로운 인식 체계를 만들어 나간다. 즉 우리가 공부한 지식들이 개별적으로 우리 머릿속에 인식되고 기억되는 것이 아니라 기존 지식과의 관련성 속에서 유형화되고 구조화되어 인식되는 것이다. 따라서 공부를 하는 데 있어서 공부와 관련된 배경 지식이 얼마나 되는가는 새로운 지식을 이해하고 받아들이고 기억하는 데 결정적인 역할을 한다고 볼 수 있다. 일상적인 글 읽기는 바로 이런 배경 지식을 넓혀 나간다는 점에서 공부와 밀접한 관련이 있는 것이다.

다음 글은 김동인의 단편소설 『광화사(狂火師)』를 심리학적 측면에서 분석하여 비평한 글이다.

> 솔거는 억눌려 있던 자신의 욕망을 분출시키기 위해서, 그리고 자신의 오이디푸스 콤플렉스를 예술로 승화시키기 위하여 미인도를 그리지만, 모델이 되는 눈먼 소녀를 범함으로써 그 계획은 물거품이 되고 만다. 자신이 소경 처녀를 범한 다음날 소녀의 눈을 마저 그리려 하자 어제의 그 아름답던 모습은 사라지고, 병신 천치로만 보이는 것은 어머니를 범했다는 자신의 죄책감의 투사로 볼 수 있다. 투사는 자신의 용납할 수 없는 충동, 태도, 결점 등을 무의식적으로 타인이나 환경 탓으로 돌려 전가하거나 변명하는 심리를 말하는 것이다. 그래서 솔거는 자신의 모든 좌절과 패배의 책임을 처녀에게 전가하고 있지만 실제로는 처녀를 살해한 것은 어머니를 범했다는 도덕적 자책감의 반작용인 것이다. 처녀의 살해는 자기 파괴의 충동에서 빚은 살인이다. 극복되지 않는 대상(일종의 부성원리)에 대한 살해 욕망은 곧잘 자신에게 투사되며, 그것은 자살과 같은 자기 파괴행위로 나타난다고 한다. 솔거는 비참하게 죽음을 맞이함으로써 자기 파괴행위를 보이는 것이다.

> — <인터넷 자료>

이 글을 읽고 이해하는 데 있어서 '오이디푸스 콤플렉스'는 중요한 역할을 한다. '오이디푸스 콤플렉스'가 무엇인지를 알고 있어야 주인공 '솔거'에 대한 심리 해석을 이해할 수 있기 때문이다. '오이디푸스 콤플렉스'는 소포클레스의 작품 「오이디푸스왕」에서 딴 말로서 프로이트가 정신분석학에서 쓴 용어이다. "남성이 부친을 증오하고 모친에 대해서 품는 무의식적인 성적 애착"이라고 정리할 수 있지만, 이 용어를 이해하는 데 있어 프로이트의 『정신분석입문』을 읽은 사람과 읽지 않은 사람은 이해의 폭이 다를 수밖에 없다. 더 나아가 소포클레스의 「오이디푸스왕」을 읽은 사람과 읽지 않은 사람의 이해의 폭이 달라지는 것은 당연한 결과이다. 책을 읽어보지 않은 사람에게 '오이디푸스 콤플렉스'는 억지로 외워서 단편적으로 기억해야 하는 지식의 조각에 불과하지만 「오이디푸스왕」을 읽고 프로이트를 읽은 사람에게는 「광화사(狂火師)」와 오이디푸스 콤플렉스의 관계가 자연스럽게 이해되고 기억되는 것이다.

문학 공부를 할 때 우리는 흔히 문학의 기능을 교훈과 쾌락이라고 정리하고는 '쾌락설'은 아리스토텔레스가 『시학』에서 말한 '카타르시스'에 기원을 두고 있다고 말한다. 그래서 '아리스토텔레스' 하면 '카타르시스'가 자동으로 연결된다. 그러나 『시학』이 문학의 창작 원리와 시의 본질을 체계적으로 밝힌 문학 이론의 고전이며, 이 책이 단지 문학적 이론서로서만 의미를 갖는 것이 아니라 철학에서도 중요한 위치를 차지하고 있음은 알지 못한다. 아니 설사 알고 있다 하더라도 『시학』을 읽은 사람과 읽지 않은 사람은 '카타르시스', '문학의 쾌락설'에 대한 이해의 깊이와 폭이 달라질 수밖에 없다. 배경 지식이 다르기 때문이다.

따라서 배경 지식을 넓힌다는 면에서 책 읽기는 아주 중요한 활동으로 볼 수 있다. 책 읽기를 통해서 배경 지식을 넓힌다는 것은 새롭게 공부하는 단편적인 지식들을 체계적으로, 그리고 깊이 있게 엮어낼 그물코를 많이 만들어 놓는다는 것을 의미하기 때문이다.

다음 글을 읽고, 이 글을 제대로 이해하기 위한 배경 지식으로 무엇이 필요한지 찾아보자.

　　서구인은 항상 그 자신의 상[image]에 황홀해 왔기 때문에, 서구에서의 인물상은 언제나 본질적으로 미적 주체로서 예술가들에게 흥미를 끌어 왔으며 그 아름다움은 표현이나 포즈를 통해서 근육 구조·행동 정서의 노출로 나타나거나 혹은 단지 모든 종류의 디자인의 목적으로 이용될 수 있는, 마음을 쓰는 주체로서 예술가들에게 흥미를 끌어 왔다. 아마 이 범주에서 동양과 서양 예술 간의 주요 연결은 제신(諸神)의 상상된 모습을 나타내기 위해서 인간의 상을 이용하려 한 것이다. 희랍 전통에 있어서는 상[image]의 물질적(신체적) 속성의 아주 이상적인 완전은 신이 신성미를 암시하기에 충분한 반면, 동양에 있어서 강조는 초자연적인 이상의 창조에 있었으며 때로는 어떤 실재의 실질적인 육제가 그 비례에 단지 추상적으로 관련되어 제시된다.

　　아름답고 단련된 메커니즘으로서, 인간 정신의 집으로서, 그리고 신성한 미의 반영으로서의 인체는 그리스적 인생관의 가장 친숙한 예술적 반영이었으며, 서구의 전통에서 결코 상실되지 않고 있다. 인체의 해부학적 숙달에서 나타날 수 있는 생동과 활동의 내포는 진작부터 희랍의 예술가들을 사로잡았다. 근육의 형질, 균형·비례의 문제가 예술에서의 인간의 형상의 재현에 위엄과 아름다움을 주는 데 필요했던 것이다.

　　인간의 상[image]의 초상에 대한 이런 접근은 인도 예술가들의 경우와는 전적으로 다르다. 인도에 있어서의 나신의 재현에 있어서는 조금의 짐짓스러움도 없었다. 인도 예술에서 인물상은 그 자체로서 그려지지 않았으며, 어떤 과학적인 방법으로 근육 구조의 정밀한 접합에 대한 관심으로 그려진 것도 아니었다. 인도 예술의 나상(裸像)은 일단 적당히 추상과 특수의 방법에 의해서 번식 신령의 관능성이나 자이나(Jaina)교 고행자의 극도의 요가적인 통제를 암시하기 위해서 이용되었던 것이다.

　　일반적으로 인도의 예술가들은 원래 해부학에는 관심이 없었으며,

신체가 구성된 부분 결합 평면들의 추상적인 처리에 의해서 살[肉]의 온기와 충만 또는 활기 있는 숨결 및 프라나(Prana)의 존재를 암시하기 위해서 상을 새겼던 것이다. 이 결과 상은 어떤 인간적 원형에 정확하게 일치할 필요가 없었으며, 사멸(死滅)의 인상과 미 이상의 것으로 부여하기 위해 산정(算定)된 비례의 기준에 따라 구성되었던 것이다.

극동(極東)에 있어서 인물상의 제시는 오래 전부터 유교적인 윤리 행위나 역사적 에피소드를 도해하는 예증의 교훈적 기능으로 있어 왔다. 그들은 확실히 인간 행동에 의거되기 때문에 다른 방법으로는 나타날 수가 없었다. 한때 중국인은 서예의 필법 수련으로서 신체를 이용하는 데 관심을 갖기도 하였으나, 신체적인 매력의 암시로서의 인체의 유기적이거나 육체적인 미로서는 중국 예술에서 결코 나타나지는 않았다. 동방에서는 유독 일본인들만이 끝없는 관심과 외래적인 유형에의 호기심에 의해서 나신(裸身)에 대해 수시로 관심을 나타냈다.

— 벤자민 로우랜드, 『동서의 예술』

## 3. 글 읽기와 글쓰기

앞에서 우리는 독서의 목적이 세상을 바라보는 안목의 폭과 깊이를 확대하기 위한 것이라고 하였다. 독서를 통한 경험의 확대와 끊임없는 경험의 자기화 과정은 세상을 바라보는 안목을 폭넓게 하며 인간적 성장 혹은 인격적 성숙으로 발현되기 때문이다. 그런 점에서 볼 때 글 읽기는 그 자체로서 충분한 가치를 갖는다. 그런데도 글 읽기를 글쓰기와 연결짓는 이유는 무엇 때문일까?

초등학교 시절부터 수없이 써 왔던 독후감. 책을 읽은 후에는 독후감을 써야만 했고, 결국 책을 읽는 이유가 독후감 쓰기라는 과제를 하기 위한 방편이 되었다. 그래서 독후감 쓰기는 물론이려니와 책 읽기조차 의무가 되어 독서 자체가 주는 즐거움과 기쁨을 빼앗아버렸다. 선생님들은 왜 그렇게 독후감 쓰기를 요구하였을까?

이는 독서를 통한 간접 경험의 질과 가치가 글쓰기를 통하여 달라지기 때문이다. 글 읽기가 아무리 깊이 있게 이루어졌다 하더라도 그것이 자신의 삶 및 사회를 바라보는 안목과 관계를 맺지 못하면 그것은 일순간의 기억으로만 존재할 뿐이다. 따라서 글 읽기의 경험을 자기화하는 일정한 활동이 요구되는데, 이때 글쓰기는 독자가 읽은 내용을 자기화하는 데 매우 유용한 활동이다. 글쓰기를 통해 독서 체험의 질과 가치가 높아지게 되는 것이다.

그렇다면 글쓰기가 독서 체험의 질과 가치를 높이는데 어떻게 기여하는 걸까?

우선 글쓰기는 독서 체험을 확인하는 과정이다. 단순히 글을 읽었는지 읽지 않았는지를 확인하기 위해서라면 글의 내용에 대한 질문에 답하기 정도로 확인할 수도 있을 것이다. 그런데 글쓰기와 관련을 시키는 이유는 글쓰기를 통한 독서 체험의 확인이 나름의 가치를 갖기 때문이다.

독서 체험을 확인하는 가장 단순하면서도 대표적인 글쓰기 활동은 내용 요약하기나 줄거리 간추리기를 들 수 있을 것이다. 어떤 글을 읽고 내용을 요약하거나 줄거리를 간추려 쓰기 위해서는 전체 글에서 선택할 내용과 배제할 내용을 독자 스스로 결정해야 한다. 이는 단순히 내용을 요약하고 줄거리를 간추려 쓰는 활동에서도 독자의 주관적이고 능동적인 지적 활동이 요구된다는 것을 의미한다. 이러한 지적 활동은 글의 내용을 더 많이, 더 오랫동안 간직할 수 있게 해 준다.

이런 점에서 어린 시절의 독후감 쓰기는 의미가 있는 활동으로 볼 수 있다. 그 것이 대부분 전체 내용을 요약하거나 이야기의 줄거리를 간추린 다음 그 글을 통 해 얻은 교훈을 억지로 찾아내는 천편일률적인 양식을 가지고 이루어졌다고 하더 라도, 내용을 요약해 보거나 줄거리를 간추려 보는 것이 적어도 글을 읽고 나서 뒤 표지를 덮는 것으로 독서 행위를 끝내는 것보다는 훨씬 더 많은 내용을 오랫동안 간직할 수 있게 해 주기 때문이다.

두 번째로 독서 체험을 구체적으로 자기화하는 과정에서 글쓰기는 중요한 역할 을 한다. 글 읽기를 통해 세상을 보는 안목의 폭과 깊이를 확대하고 인격적 성숙을 도모한다고 할 때 글 읽기를 완성하는 지점에 글쓰기가 놓여 있기 때문이다. 읽은 글을 바탕으로 글쓰기를 하기 위해서는 글의 내용을 통한 깨달음을 자기의 고유한 체험과 연결시켜 종합적으로 생각하게 되고, 또한 사회의 여러 현상들과 연결시켜 세상에 대한 깨달음으로 확장시켜 나간다. 따라서 모든 글에는 독서 체험을 통해 세상사를 파악하는 글 쓰는 이의 모든 사고가 집적되고 종합화된다. 이는 단지 읽 는 행위로 독서 체험을 끝마치는 것과는 다르다. 결국 글쓰기는 독서 체험을 확장 하고 연장하는 독자의 능동적인 자기 활동인 것이다.

다음 글을 읽고 '고독'을 '관계의 단절'이라는 측면에서 현대인의 삶과 관련지어 글을 써보자.

고독하다는 뜻은 한마디로 외롭다는 것, 즉 혼자라는 느낌이다. 이것은 하나의 '느낌'이다. 객관적 상황에 관한 것이라기보다 주관적 감정의 어떤 상태를 가리킨다.

자신이 혼자임을 느끼게 되는 것은 반드시 타인이 없는 상태이어야 하는 것은 아니다. 이것은 오히려 자기가 자기 자신에 대하여 갖는 감정이다. 버스를 타고 있을 때나, 극장에 앉아 있을 때처럼 흔히 자기의 좌우에 타인이 동석하고 있는 상황에서도 외로움은 느낄 수 있으며 심지어는 친구와 가족과 함께 있을 때에도 소위 '고독'에 젖게 되는 경우가 있는 것으로 설명되고 있다.

고독이란 고도(孤島)의 '로빈슨 크루소'의 그것만이 아니라 개선하는 '나폴레옹'의 그것까지도 포함하는 것으로 설명한다는 점에서 그것은 꽤 광범한 내용을 갖는 것이다. 결국 고독이란 상황의 문제가 아니라 감정의 문제이기 때문에, 그만큼 그것의 내용이 미묘하고 모호한 셈이 된다. 그러나 우리의 감정은 외부로부터 오는 것이란 점에서 우리는 우리가 처해 있는 상황에서 고독의 근거를 찾지 않을 수 없는 것이다.

혼자라는 느낌, 격리감이나 소외감이란 유대감의 상실이며, 유대감과 유대의식이 없다는 것은 '유대관계'가 없기 때문이다. 따라서 우리는 고독의 문제를 다루기 위해서는 어차피 인간관계, 사회관계를 분석하지 않을 수 없게 된다.

사회란 '모두살이'라 하듯이, 함께 더불어 사는 집단이다. 협동 노동이 사회의 기초이다. 생산이 사회적으로 이루어진다는 것, 그리고 함께 만들어 낸 생산물을 여러 사람이 나누어 갖는다는 것이 곧 사회의 존재 '이유'이다. 생산과 분배는 사회관계의 실체이며, 구체적으로 인간관계의 토대이다.

그러므로 고독의 문제는 바로 생산과 분배에 있어서의 소외문제로 파악될 수 있는 것이다. 만들어내고 나누는 과정의 무엇이 사람들을 소외시키는가? 무엇이 모두살이를 '각자살이'로 조각내는가? 조각조각으로 쪼개져서도 그 조각난 개개인으로 하여금 '흩어져' 살 수 있게 해주는 것은 무엇인가?

수많은 사람, 수많은 철학이 이것을 언급해 왔음이 사실이다. 누가 그러한 질문을 나한테 던진다면 나는 아마 '사유(私有)'라는 답변을 할 것이라고 생각된다.

개인과 개인의 아득한 거리, 너의 불행이 나의 행복을 위협하지 못하게 하는 벽, 인간관계가 대안(對岸)의 구경꾼들 간의 관계로 싸늘히 식어버린 계절…… 담장과 울타리, 공장의 사유, 지구의 사유, 불행의 사유, 출세의 사유, 숟갈의 사유……

개미나 꿀벌의 모두살이에는 없는 것이다. 신발이 바뀐 줄도 모르고 집으로 돌아온 밤길의 기억을 나는 갖고 있다.

— 신영복, 『감옥으로부터의 사색』

# 2장

# 읽을거리의 종류

### ─무엇을, 어떻게 읽어야 하나?

'무엇을 읽지?' 라고 질문을 하면 당연히 '글을 읽지', '책을 읽지'라고 간단하게 대답할 수 있을 것이다. 그러나 과연 '책'만 읽는 것일까? 요즘 우리 주변을 둘러보면 읽는 대상이 그리 단순하지만은 않다는 것을 발견할 수 있다. '영화 읽기, 미디어 읽기, 통계 자료 읽기, 광고 읽기' 등등 그동안 우리가 관습적으로 읽기의 대상으로 생각했던 것을 넘어서는 것들도 '읽기'의 대상이 되고 있다. 심지어는 '세상 읽기'라는 말도 있지 않은가? 이는 읽는 대상이 문자로 이루어진 어떤 것으로 한정되지는 않는다는 것을 의미한다.

이런 현상은 읽기의 본질을 다시 생각하게 한다. 읽는다는 것이 단지 문자를 해독하는 것만은 아니라는 의미이다. 읽기에는 복잡한 정신 능력이 작용한다. '능동적 읽기, 비판적 읽기, 추론적 읽기, 예측하며 읽기, 정서적 읽기' 등등 읽는 방법을 세분하는 것도 대상을 읽으면서 일어나는 인간의 정신 활동이 다양함을 보여주는 것이다.

결국 읽기는 문자의 해독을 뛰어 넘어 독자가 나름의 기준과 가치관을 가지고 대상을 해석하고 평가하는 활동이라고 볼 수 있다. 따라서 읽기는 세상사를 읽어내는 독자의 가치관과 시각이 반영된 활동인 것이다.

이런 점에서 읽을거리를 분류하고 그 특성을 파악하는 것은 나름의 의미를 갖는다. 읽는 대상의 종류에 따라 글에 접근하는 방법이 달라야 하고 이를 활용하는 방법도 달라야 하기 때문이다.

글은 서술된 방식에 따라 설명, 논증, 묘사, 서사로 나뉜다.

설명의 글은 대상의 성질이나 가치, 작용 방식이나 과정 등 일정한 내용을 독자에게 풀이해서 이해시키는 것을 목적으로 쓰인 글이다. 어떤 내용을 쉽고 분명하게 전달하기에 편리한 기술 방식이기 때문에 우리 일상생활에서 가장 널리 사용된다. 이런 글을 읽는 목적은 지식이나 정보를 얻기 위한 것이다.

설명의 글을 읽을 때에는 글의 구조적 특성을 파악하여 체계적으로 내용을 이해하고 중요한 정보나 지식을 파악하며 읽는 것도 중요하지만 내용의 사실성이나 객관성, 신빙성을 판단하며 읽어야 한다.

논증의 글은 어떤 대상이나 현상에 대하여 독자에게 이해시킴은 물론 한 걸음 더 나아가서 독자를 설득시키고 동조하도록 논리적인 확신을 밝힌 글이다. 그러므로 글쓴이는 반드시 주장의 근거를 대어 증명하거나 이치를 따져 논리적으로 서술한다. 그렇기 때문에 논증의 글은 대상이나 현상을 인식하는 글쓴이의 가치관과 사고가 반영된 주관적인 글이라고 할 수 있다.

논증의 글을 읽을 때에는 글쓴이의 의견이나 생각을 그대로 따라가면서 읽기보다는 글쓴이의 주장과 견해를 살피면서 읽어야 한다. 논지의 전개 과정이 객관적이며 논리적인지, 근거의 타당성은 확보되어 있는지를 판단하며 읽는 것이 중요하다. 또한 글쓴이가 문제의 성격을 올바르게 파악하고 있는지, 어떤 관점과 의도로 그 문제를 분석하였는지도 파악해야 한다.

묘사는 어떤 대상의 모습이나 구체적인 사실을 있는 그대로 나타내 보이는 기술 방식이다. 정보 전달을 목적으로 하는 글에서는 대상을 이해시키기 위하여 해설 대신 구체적인 사실이나 사물의 모습을 그대로 표현해 주는 방식이며, 문학적 성격의 글에서는 작가의 감각적 경험을 재현하거나 그 대상을 독자가 생생하게 체험하게 하여 독자의 상상력에까지 호소하는 예술적 의도를 내포하기도 한다.

그런데 대상의 모습이나 사실을 묘사하는 데 있어서 글쓴이는 항상 자신의 시각에 의해 제약된다. 말하자면 글쓴이가 대상에 대하여 가지고 있는 지식, 대상에 대한 체험의 방식과 내용에 따라 일정한 제약을 받게 된다. 따라서 객관적인 묘사의 글을 읽을 때에는 대상이나 사실을 묘사한 내용이 객관적이고 사실적인지를 판단해야 하고, 글쓴이가 대상이나 사실을 어떠한 각도에서 관찰하였는지, 거기에 주관적 의도가 개입되지는 않았는지를 생각하며 읽어야 한다.

주관적인 묘사의 글을 읽을 때에는 대상을 통해 받은 글쓴이의 인상에 정서적으로 반응하며 읽어야 글의 묘미를 느낄 수 있다. 특히 주관적인 묘사는 문학 작품에서 많이 적용되고 있기 때문에 독자는 상상력을 발휘하여 글쓴이의 감정과 정서를 읽어내야만 제대로 글을 감상할 수 있다. 또한 글의 미적 구조와 표현상의 특징을 이해하며 읽어야 한다.

서사의 글은 어떤 구체적인 사건의 전개 과정을 그린 글이다. 일반적으로 스토리텔링(story-telling)이라고 말하는 방식의 글로, 대표적인 양식은 소설이다. 그러나 모든 사건이 다 서사의 대상이 되는 것은 아니다. 서사의 대상이 되는 사건이란 글쓰는 이에게나 읽는 이에게 모두 일정한 의미와 가치를 지닐 수 있어야 하기 때문이다.

서사의 글을 읽을 때에는 사건의 전개 과정이 인과율적인 측면에서 자연스러운지, 서사의 사건이 단순한 일련의 사건이 아니라 유의적인 일련의 사건인지를 파악하며 읽어야 한다. 또한 글을 통해서 글쓴이가 전달하려고 하는 주제가 무엇인지, 주제가 글 전체를 제대로 이끌어가고 있는지 등을 파악하며 읽어야 한다. 덧붙여 문학적 서사의 경우에는 상상력을 발동시켜 작품에서 구현된 세계를 마음에 그려보는 심미적 읽기를 해야 한다. 이를 통해 인간의 다양한 삶의 세계를 폭넓게 이해할 수 있게 되고 감동과 깨달음을 얻을 수 있다.

글의 목적이 무엇이냐에 따라서도 글은 분류된다.

정보전달을 목적으로 하는 글은 설명문이나 보고문, 신문의 사건 기사문, 인터넷 정보 등을 들 수 있다.

설명문은 설명하는 대상에 따라 설명, 묘사, 서사의 방식으로 기술되는데 글쓴이가 무슨 내용을 어떻게 설명하였는지를 파악하며 읽어야 한다. 중요한 정보를 요약하며 읽고 내용의 전개 방식에 유의하여야 하며, 필요한 세부 내용을 확인하고 설명하는 대상의 특성을 파악하며 읽는다.

보고문을 읽을 때에는 사실적 내용과 보고자의 의견을 구분하여 읽어야 한다. 또한 내용의 객관성이나 정확성, 구체성을 판단한다. 특히 보고문에는 도표나 도해, 관련 사진, 기타 시청각 자료가 함께 제시되는 경우가 많으므로 이런 자료들의 내용도 꼼꼼하게 읽어야 한다. 통계 자료를 읽을 때에는 조사된 내용의 객관성, 신빙성을 판단하여야 함은 물론이고 통계 자료가 제시하고 있는 내용이 어떤 현상을 드러내는 것인지, 그 결과에 대한 해석은 타당한지를 살펴보아야 한다.

신문의 사건 기사문을 읽을 때에는 육하원칙에 의해서 요점을 파악하며 읽어야 한다. 특히 신문의 기사문은 사건을 기술하는 기자의 관점이나 시각이 반영될 수 있기 때문에 기술되는 내용의 사실성과 객관성을 판단하며 읽어야 한다.

인터넷 정보는 다양하고 풍부한 자료를 쉽게 얻을 수 있다는 장점이 있다. 특히 링크를 통해 하이퍼텍스트 형태로 제공되는 경우도 많기 때문에 정보와 관련된 또 다른 정보에 편리하고 빠르게 접근할 수 있다는 점에서 아주 유용하다. 그러나 인터넷 정보를 읽을 때에는 특히 정보의 정확성 및 사실성을 판단하며 읽어야 한다. 인터넷 정보는 그 전파 속도가 빠르고 전파 범위가 넓기 때문에 정확도나 사실성이 입증되기도 전에 대중에게 유포되는 특징이 있기 때문이다.

설득을 목적으로 하는 글은 논설문이나 신문의 사설 및 칼럼, 광고문 등을 들수 있다. 논설문이나 신문의 사설·칼럼 등은 대개 설명과 논증의 방식으로 기술된다. 논설문은 글의 구조와 내용을 파악하며 읽어야 하는 동시에 글쓴이의 주장과 의견을 파악하고, 논리의 정연성, 근거의 타당성 등을 파악하며 읽어야 한다. 신문의 사설이나 칼럼을 읽을 때에도 제시된 자료의 객관성, 주장과 근거의 타당성을 판단하며 읽는다. 광고문을 읽을 때에는 제시된 정보의 필요성 여부를 판단하고, 과장이나 허위 사실이 있는지를 판단하여야 한다. 동시에 고객에게 어떤 방법으로, 어떤 부분을 부각시켜 호소하고 있는지를 파악하면 광고문이 담고 있는 사회 현실을 읽어 낼 수도 있다.

정서를 표현하는 글은 인간의 삶과 관련되는 정서를 형상화한 글이다. 시, 소설, 희곡, 수필 등 문학 작품이 여기에 속한다. 문학 작품을 읽을 때에는 글의 종류에 따른 특성을 이해하고, 글을 구성하는 요소들을 근거로 하여 작품을 이해하고 감상해야 한다. 이때 자신의 경험과 정서, 가치관을 바탕으로 하여 나름대로의 상상력을 발휘하여야 작가의 의도와 글의 주제를 제대로 파악하여 감상할 수 있다.

　　법정 스님은 독서의 중요성을 강조하면서 "두 번 읽을 가치가 없는 책은 한 번 읽을 가치도 없다. 시시한 책에 시간과 정력을 낭비하는 것은 인생의 낭비"라고 말했다. 이어 좋은 책은 어떤 책인가라는 물음에 "좋은 책은 세월이 결정한다. 상업주의 바람인 베스트셀러에 속지 말아야 한다. 읽을 때마다 새롭게 배울 수 있고, 삶의 의미와 기쁨을 안겨주는 책이 수명이 긴 책이고, 이런 점에서 고전은 세월이 걸러낸 좋은 책이다"라고 하였다.

　　스님은 독서의 중요성을 강조하면서도 "좋은 책을 많이 봐야 하지만 동시에 책으로부터 자유로워야 한다. 책에 읽히지 말고 책을 읽어야 한다. 문자에 얽매지 말고 문자 밖의 세상도 이해할 줄 알아야 된다"고 하였다. 이는 읽기를 통해 단순한 지적 성취감을 얻는 데서 그치지 말고 인간과 사회와 세계를 바라보는 안목을 키워야 함을 강조한 것으로 볼 수 있다. 결국 읽기 활동은 세상을 이해하고 인식하는 활동인 것이다. 이런 점에서 세상의 모든 것들이 읽기의 대상이 된다고 할 수 있다.

다음은 일본의 저널리스트이며 세계적인 독서가인 다치바나 다카시가 제시한 14가지 독서법이다. 이 글을 읽은 후, 자신만의 독특한 독서기법에 대하여 이야기해 보자.

## '실전'에 필요한 14가지 독서법

1. 책을 사는 데 돈을 아끼지 말라. 책이 많이 비싸졌다고 하지만 기본적으로 책값은 싼 편이다. 책 한 권에 들어 있는 정보를 다른 방법을 통해 입수하려고 한다면 그 몇 십 배, 몇 백 배의 대가를 지불해야 할 것이다.

2. 하나의 테마에 대해 책 한 권으로 다 알려고 하지 말고 반드시 비슷한 관련서를 몇 권이든 찾아 읽어라. 관련서들을 읽고 나야 비로소 그 책의 장점을 확실하게 알 수 있다. 또한 이 과정을 통해 그 테마와 관련된 탄탄한 밑그림을 그릴 수 있다.

3. 책 선택에 대한 실패를 두려워하지 말라. 실패 없이는 선택 능력을 익힐 수 없다. 선택의 실패도 선택 능력을 키우기 위한 수업료로 생각한다면 결코 비싼 것이 아니다.

4. 자신의 수준에 맞지 않는 책은 무리해서 읽지 말라. 수준이 너무 낮은 책이든, 너무 높은 책이든 그것을 읽는 것은 시간 낭비이다. 시간은 금이라고 생각하고 아무리 비싸게 주고 산 책이라 하더라도 읽다가 중단하는 것이 좋다.

5. 읽다가 중단하기로 결심한 책이라도 일단 마지막 쪽까지는 한 장 한 장 넘겨보라. 의외의 발견을 하게 될지도 모른다.

6. 속독법을 몸에 익혀라. 가능한 한 짧은 시간 안에 가능한 한 많은 자료를 섭렵하기 위해서는 속독법밖에 없다.

7. 책을 읽는 도중에 메모하지 말라. 꼭 메모를 하고 싶다면 책을 다 읽고 나서 메모를 위해 다시 한 번 읽는 편이 시간상 훨씬 경제적이다. 메모를 하면서 책 한 권을 읽는 사이에 다섯 권의 관련 서적을 읽을 수가 있다. 대개 후자의 방법이 시간을 보다 유용하게 쓰는 방법이다.

8. 남의 의견이나 북 가이드 같은 것에 현혹되지 말라. 최근 북 가이드가 유행하고 있는데, 대부분 그 내용이 부실하다.

9. 주석을 빠뜨리지 말고 읽어라. 주석에는 때때로 본문 이상의 정보가 실려 있기도 하다.

10. 책을 읽을 때는 끊임없이 의심하라. 활자로 된 것은 모두 그럴듯하게 보이는 경우가 많지만, 좋은 평가를 받은 책이라도 거짓이나 엉터리가 얼마든지 있을 수 있다.

11. '아니, 어떻게?'라고 생각되는 부분(좋은 의미에서든, 나쁜 의미에서든)을 발견하게 되면 저자가 어떻게 그런 정보를 얻었는지, 또 저자의 판단 근거는 어디에 있는지 숙고해 보라. 이런 내용이 정확하지 않을 경우, 그 정보는 엉터리일 확률이 아주 높다.

12. 왠지 의심이 들면 언제나 원본 자료 혹은 사실로 확인될 때까지 의심을 풀지 말라.

13. 번역서는 오역이나 나쁜 번역이 생각 이상으로 많다. 번역서를 읽다가 이해가 잘 되지 않는 부분이 있으면 머리가 나쁘다고 자책하지 말고 우선 오역이 아닌지 의심해 보라.

14. 대학에서 얻은 지식은 대단한 것이 아니다. 사회인이 되어서 축적한 지식의 양과 질, 특히 20·30대의 지식은 앞으로의 인생을 살아가는 데 결정적인 역할을 하는 중요한 것이다. 젊은 시절에 다른 것은 몰라도 책 읽을 시간만은 꼭 만들어라.

— 다치바나 다카시 『나는 이런 책을 읽어왔다』

2부
# 단계별 독서 방법

## 3장 ★★★

# 읽기 전 활동
## —배경 지식 활성화

 기초 다지기

글을 읽는 것은 글쓴이와 대화를 나누는 것이다. 한 편의 글을 읽을 때 독자는 글쓴이가 말하고자 하는 것을 받아들이기 위해 자기 나름대로 노력을 하게 된다. 대화를 한다는 것은 상대방의 말의 의미를 생각하고 자신의 생각과 비교하여 수용 여부를 결정하는 것이다. 이와 같이 독자는 글을 읽으면서 글의 의미를 생각하고 글쓴이의 생각과 자신의 생각을 비교하며 무언의 대화를 나누게 된다.

이렇게 글쓴이와 대화를 나누기 위해, 즉 글을 이해하고 받아들이기 위해 글 자체가 필요함과 동시에 독자는 자신의 스키마(schema)를 동원하게 된다. 예를 들어 "중년의 남자가 신문광고란에 나와 있는 가발광고를 유심히 읽고 있었다"라는 문구를 접하였을 때 우리는 그 남자가 대머리일 것이라 짐작하게 된다. 우리는 이미 가발이 누구에게 필요한 것인가를 알고 있기 때문이다. 그러므로 가발광고를 보고 있는 그 남자의 모습까지 상상해 낼 수 있는 것이다. 드라마를 보면서도 '부유한 저 남자와 가난하지만 착한 저 여자의 사랑이 많은 고난과 역경을 겪겠구나' 하는 식의 짐작을 하는 것도 그동안 우리가 많은 드라마를 보며 스키마를 키워왔기 때문이다.

글을 읽기 전에도 우리는 글의 제목이나 목차를 보면서, 또는 글을 읽어 나가면서 여러 가지 '짐작'을 하게 된다. '이 글은 무슨 내용이겠구나' 또는 '그 다음은 어떻게 진행되겠구나' 하는 등등. 이렇게 짐작하는 가운데 우리는 글이 내 짐작과 맞는지, 또는 다르게 진행되는지 호기심을 가질 수 있게 되어 글에 빠져들 수 있다. 만일 자신의 예감과 적중했다면 그 일치감에서 오는 즐거움 또한 대단할 것이며, 일치하지 않았을 때의 충격적 반전 또한 독자에게 큰 재미를 불러일으키게 된다. 그러면서 동시에 읽어나가는 책의 내용들은 독자 자신에게 또 다른 스키마를 형성할 수 있는 자료가 된다.

그러므로 스키마가 충분할수록 글의 내용을 더 잘 이해할 수 있으며 내용에 언급되지 않은 내용이나 앞으로 전개될 사건에 대한 예측 등과 같은 추론 활동은 제시된 글 내용을 보다 더 명료하게 이해하는 데 도움이 될 뿐만 아니라 이해한 내용의 기억에도 도움이 된다.

그러므로 읽기 전 활동으로서 독자들의 기존 스키마를 활성화하는 것은 매우 효과적인 독서 활동이라 말할 수 있다. 이렇듯 읽기 전 활동으로서의 스키마 활성화는 읽고자 하는 글에 호기심을 자극하여 글에 대한 흥미 유발과 함께 글 전체를 이해하는 데 근간을 이루게 된다.

∴ 읽기 전 활동으로서의 스키마 활성화 유형

2부 단계별 독서 방법 **37**

## 1. 질문하기

전략 익히기

'질문'은 스키마 진단의 가장 일반적이면서도 포괄적인 형식이다. 글의 내용을 짐작케 하는 질문을 본인 스스로에게 던짐으로써 가설적 지식 구조인 스키마를 활성화시키게 되는데, 이는 곧 새로 접하게 되는 글의 내용과 자신이 가진 기존 지식과의 상호 작용을 활발히 이루어 주기 때문에 학습을 증진시키게 된다. 다시 말해 '이 글은 어떻게 진행될까?' 또는 '이 글은 어떤 내용일까?' 등의 질문을 통해 짐작을 하게 되고 그 짐작이 일치하는지 그렇지 않은지를 밝히려는 생각이 독서에 대한 흥미유발과 자극제가 되는 것이다. 즉 읽기 전 질문은 목표 제시와 같이 독서 내용을 미리 소개하여 독자에게 흥미와 자극을 주게 되고, 이렇게 독자는 질문과 상응하는 해답을 찾는 인지 전략을 선택하여 집중을 하게 된다. 여기에는 글의 제목이나 글에 나와 있는 그림, 도표 등에 대한 단순 질문에서부터 좀 더 위계화된 질문으로까지 심화할 수 있다.

### 1) 제목, 삽화, 도표 등에 대한 단순 질문

읽을 책을 고르려 할 때 우리가 제일 먼저 접하게 되는 것이 바로 제목이다. 제목을 보며 그 글의 내용을 짐작하게 되는데 이때 자신의 스키마를 활용한다. 자신에게 간단한 질문을 함으로써 독자 스스로가 자신이 지닌 스키마를 활성화하는 것이다. 그리고 그림이나 도표는 글의 세부적이고 부분적인 내용을 독자와 연결시키는 중간 매개체 역할을 하게 하는 것이다.

# 차가운 타일 바닥

우선 생각나는 것은 가스 요금을 안 내서 난방이 끊어진 경우입니다. 그게 아니라면 도기로 된 타일이 욕실 밖에 놓인, 같은 온도의 매트보다 열을 더 잘 전달하기 때문입니다.

어떤 물체가 다른 물체보다 차갑게 느껴지는 것은 흔히 있는 일입니다. 사람들은 쇠로 된 칼날이 주변 물체들보다 더 차갑다고 생각합니다. 칼날을 만져보면 정말로 차갑게 느껴집니다.

그러나 실제로 더 차가운 것은 아닙니다. 쇠로 된 칼날과 욕실 타일은 방안에 있는 다른 물체보다 눈곱만큼도 더 차갑지 않습니다. 단지 그렇게 느낄 뿐이죠.

∴ 여러 가지 물체의 열전도율(공기를 1로 함)

| 공기 | 1 | 화강암 | 130 |
|---|---|---|---|
| 고무 | 6 | 스테인리스스틸 | 600 |
| 나무 | 6 | 철 | 3,300 |
| 물 | 24 | 알루미늄 | 9,500 |
| 유리 | 30~40 | 구리 | 16,000 |
| 도기타일 | 40 | 은 | 17,000 |
| 대리석 | 70~120 | | |

— 로버트 L. 월크, 『아인슈타인이 이발사에게 들려준 이야기』

우리가 위와 같은 글을 접했다고 하자. 먼저 우리는 제목을 보고 자신에게 질문을 하게 될 것이다. '차가운 타일 바닥이라고?'라며 곧 바로 맨발로 타일 바닥을 디뎠을 때의 느낌을 떠올리게 될 것이다. 그리고 바로 '무슨 내용을 말하려는 거지? 타일 바닥이 차가운 이유?'라는 질문을 던지게 될 것이다. 그렇게 되면 독서를 시작하면서 호기심 유발은 충분하게 되었다. 또한 그림을 보면서 '뭐지? 왜 화분과 플래시를 들고 있는 거지? 어느 것이 더 차가운지 알아보는 걸까?', 또는 도표를 보면서 '열전도율이 뭐였지?' 등 갖가지 질문들을 통하여 자신이 가지고 있는 배경 지식을 통하여 글의 내용을 이리저리 추측하여 보는 활동을 하게 된다. 이렇게 우리는 제목, 그림, 도표를 통하여 글의 내용을 다 보기 전에도 글의 내용을 짐작하게 되고 그것에 대한 궁금증을 해소하고자 글을 읽게 된다.

## 2) 위계화된 질문

위계화된 질문이란 단순 질문을 넘어서 순차적으로 제시된 질문을 함으로써 독자 자신의 스키마를 꺼내어 글을 읽게 함은 물론, 독자가 이미 가진 지식을 순차적으로 정리할 수 있게 하는 질문방식이다. 다시 말해 그저 짐작에서 그치는 것이 아니고 깊이 있는 생각을 통하여 글의 내용을 좀 더 심화해 나갈 수 있는 상태를 만들어 놓게 되는 것이다.

## 미리 쓰는 유서

　　죽게 되면 말없이 죽을 것이지 무슨 구구한 이유가 따를 것인가. 스스로 목숨을 끊어 지레 죽는 사람이라면 의견서(유서)라도 첨부되어야겠지만, 제 명대로 살 만치 살다가 가는 사람에겐 그 변명이 소용될 것 같지 않다. 그리고 말이란 늘 오해를 동반하게 마련이므로, 유서에도 오해를 불러일으킬 소지가 있다.

　　그런데 죽음은 어느 때 나를 찾아오는지 알 수 없는 일이다. 그 많은 교통사고와 가스 중독과 그리고 원한의 눈길이 전생의 갚음으로라도 나를 쏠는지 알 수 없다. 우리가 살아가고 있다는 것이 죽음 쪽에서 보면 한 걸음 한 걸음 죽어 오고 있다는 것임을 상기할 때, 사는 일은 곧 죽는 일이며, 생과 사는 결코 절연된 것이 아니다. 죽음이 언제 어디서 내 이름을 부를지라도 "네" 하고 선뜻 털고 일어설 준비만은 되어 있어야 할 것이다.

— 법정 『무소유』

　　위의 글을 접했을 때 우리는 '유서? 자살한 사람의 증거물?'이라는 제목과 관련한 단순 질문을 할 수도 있을 것이다. 그러나 '죽기 전에 미리 써보는 유서라면?', '내가 만일 지금 유서를 쓴다면 무슨 내용을 쓸까?', '유서를 쓴다면 후회되는 일은 무엇일까?', '인생을 되돌아보게 하는 것이 유서라면 유서를 쓰고 난 다음 나는 어떻게 변할 것인가?' 등 좀 더 순차적으로 내면을 심화시키는 질문을 할 수도 있을 것이다. 글을 좀 더 깊이 있게 받아들일 자세를 마련해 준다고 볼 수 있다.

## 2. 연상하기

 전략 익히기

'연상'이란 하나의 관념이 다른 어떤 관념을 불러일으키는 심리 작용이다. 독자들은 연상을 통하여 자신이 지닌 스키마를 알 수 있게 된다. 즉 독자는 글의 제목 등을 통해 그 주변적인 의미를 불러일으켜 스키마를 활성화하게 된다.

### 1) 자유 연상

연상하기에서 가장 기본이 되는 것으로, 독자들에게 자연스럽게 연상할 수 있도록 하고, 그 연상된 것을 자유롭게 표현하게 함으로써 스키마를 활성화시키는 방안이다.

예문

### 소풍의 감동을 기리며

먹고 살기 급급한 때가 있었다. 살기 위해 먹는 처지에 좋은 것과 나쁜 것, 마음에 들고 들지 않고를 가릴 형편이 되지 않았다. 하지만 요즘 우리는 단지 배를 채우기 위해서 음식을 먹지는 않는다. 좋아하는 음식을 찾아서 맛을 본다는 건 바로 소풍과 같은 것이다. 가기 전날부터 가슴이 설레고 살짝 땀이 배도록 걸어서 가는 수고도 마다하지 않으며 담소를 나눌 동무들이 있으면 더욱 좋다. 보물찾기처럼 예상치 않았던 것을 얻는 행운을 만날 수도 있다.

음식을 먹고 나누고 이야기하는 것, 이 모두가 '음식'이라는 말로 뭉뚱그려진다고 할 때 음식은 추억의 예술이며 눈·귀·코·혀·몸·뜻의 감각 총체 예술이다. 음식에 관한 기억과 그에 관한 이야기는 필연코 한 개인의 본질적인 조건에까지 뿌리가 닿아 있다.

— 성석제, 『소풍』

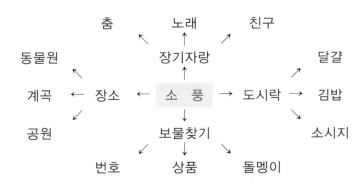 제목에 나오는 '소풍'이라는 단어로 자유 연상을 해 보자. '소풍'으로 자유 연상한 아래의 연상들은 우리의 경험에서 비롯된 배경 지식에서 나온 단어들이다. '소풍'에 대한 자유 연상은 우리 머릿속에 돌아다니던 수많은 지식들을 '소풍'과 연결시켜 생각하게 하고, 이런 연결이 글을 읽기 전 독자 자신이 가지고 있는 배경 지식을 더욱 활용할 수 있도록 할 것이다.

## 2) 연상되는 단어와 그 이유 말하기

연상되는 단어와 그 이유를 이야기함으로써 글의 핵심적인 단어와 관련하여 생각나는 단어를 독자 스스로 연결시키도록 유도한다. 자신이 잘 모르는 단어이더라도 직감적으로 떠오르는 것이나 어렴풋이 알고 있는 것을 연상되는 대로 이야기하고, 이렇게 연상한 것에 대하여 그 이유를 찾아 나가면 좀 더 깊이 있는 사고를 할 수 있게 된다.

▶ 위에서 우리는 '소풍'이라는 단어에서 도시락을 떠올렸고 이는 김밥으로 연결되었다. 소풍날 아침이면 늘 부산스럽던 부엌의 소리들, 그리고 먹기에도 아까운 예쁜 김밥을 만들어 주셨던 어머니, 그 맛있는 김밥을 먹으면서 느꼈던 즐겁고 행복한 기쁨. 거기서 우리는 김밥의 끝부분을 먹으며 소풍보다 더 설레고 즐거웠던

기분을 떠올릴 수 있을 것이다. 이에서 우리는 글쓴이가 이야기하고자 하는 '소풍
-음식'에 대하여 어렴풋이나마 어떤 느낌을 지니고 글을 읽을 수 있게 된다.


## 3. 예측하기

 전략 익히기

글을 읽고 이해한다는 것은 단순히 글의 내용을 있는 그대로 받아들이는 것만
을 의미하는 것은 아니다. 글을 읽는 과정에서 독자들은 자신의 경험이나 지식들을
활용하여 글의 내용을 예측하고 상세화하며 때로는 글의 내용에 의문을 가지기도
한다.

읽기 전 활동으로서의 예측하기는 글 읽기의 목적을 정해주며 동시에 관심 영
역을 구체화 할 수 있게 한다. 능숙한 독자들은 글을 읽으며 다음의 내용이 어떻게
전개될 것인지 끊임없이 예측할 것이다.

### 1) 전개될 내용 예측하기

제시된 상황이나 배경을 통해 독자의 경험과 관련하여 일어날 사건의 경과를 예측
한다. 예측은 문학 작품에만 국한되는 것이 아니다. 사실적인 글을 읽을 때도 논리적
으로 다음 내용이 어떻게 전개될 것인지 예측하고, 그 예측이 맞을 것인지 알아보는
것 또한 글을 읽어가면서도 긴장감을 놓칠 수 없는 재미를 부여할 수 있을 것이다.

'함께 사는 것'이야말로 우애 내지 친애의 특징이다. 그런데 많은 사람과 함께 살 수 없고, 자기 자신을 많은 사람들에게 쪼개어 줄 수 없다는 것은 자못 명백한 일이다. 또 그 많은 사람들이 모두 함께 지내야만 하는 경우에는 그들 역시 서로 친구가 되지 않으면 안 되는데, 대체로는 이렇게 하기가 매우 힘들다. 또 많은 사람과 더불어 아주 친밀하게 기뻐해 주고 슬퍼해 주는 것도 어려운 일이다. 사실 어떤 친구하고는 기뻐해야 하는 동시에 어떤 친구하고는 슬퍼해야 하는 경우가 있으니 말이다.

— 아리스토텔레스, 『니코마코스 윤리학』

▶ 위와 같은 글을 읽었다고 보자. 그럼 우리는 다음 전개될 내용을 무엇이라 예측할 것인가. 아마도 '많은 친구를 가지는 것보다 함께 지내기 알맞은 몇몇의 친구를 가지는 것이 좋다'라는 이야기가 계속될 것이라고 예측할 것이다. 우리가 읽은 내용이 '많은 친구와 함께 지내는 것은 어렵다'는 내용인데 기존 스키마에 의해 다음 내용까지 예측할 수 있는 것이다.

## 2) 결론 예측하기

우리의 경험은 어떤 상황에 대한 전개뿐 아니라 결론까지 예측하는 데 큰 도움을 제공해 주며, 또한 기존의 스키마를 활성화시킬 수 있는 좋은 단서가 된다. 우리는 글을 읽으며 글의 결론을 예측해 봄으로써 독서를 더욱 자극할 수 있을 것이다.

아울러 부모들은 가족들의 생활수준 향상을 위해서 더욱 많은 돈을 벌어야 한다는 압박에 갈수록 시달리고 있다. 그 결과 아이들은 책임있는 시민으로 성장하는 데 필요한 일상적인 관심과 주의를 받지 못하는 경우가 허다하다. 부모가 모두 일을 하고 조부모는 아이들을 돌볼 수 없는 공동체 붕괴 속에서 아이들은 적절치 못한 통제로 고통받을 수도 있다. 집으로 돌아온 부모는 대체로 너무 피곤하고 다른 일에 매여 아이들과 효과적으로 대화를 할 수 없는 경우가 많다.

급속한 도시화, 세계 인구 폭발, 자본주의의 국제적 확산 등의 결과, 지역적 전통과 가족 간의 유대는 시장의 요구에 자리를 내주고 있다. 이러한 변화들은 사람들이 가치체계와 사회의 위치에서 안정감을 느낄 수 있는 작은 규모의 생산단위가 급속히 침식당하고 있음을 의미한다.

― 클라우스 슈밥『21세기 예측』

위 글을 읽으며 우리는 결국 현대사회에서 가족의 기능이 약화되고 있음을 예측해 볼 수 있다. 즉 가족 내부와 가족 사이에 나타나는 상호작용이 변질되면서 '가족의 해체'를 가져 올 것이라는 결론까지 예측할 수 있을 것이다. 더 나아가 가족 해체에 따른 '행동 방안'까지 이야기 될 것이라는 것이 예측 가능하다. 이러한 예측은 글을 읽어 가면서 독자가 기존에 지니고 있는 스키마를 이용해 작가가 논하고자 하는 문제에 대해 독자 스스로가 먼저 생각해 볼 수 있는 기회를 제공한다.

아래에 주어진 글의 첫 부분을 보고 물음에 답해 보자.

# 말이 힘이다

어느 맥주회사의 사장이 요정에 들러 상좌(上座)에 자리잡고 있을 때, 주인 마담이 찾아와 인사를 했다.

"처음 뵙겠습니다. 이렇게 찾아 주셔서 감사합니다."

그때 맥주회사 사장이 상 위를 보니 자기네 회사의 맥주가 아닌 다른 회사의 것이 놓여 있는 것이 아닌가. 사장은 이에 그만 비위가 상했다.

"이건 또 뭐야? H맥주를 내오지 않고. 내가 바로 H맥주 사장이란 말이야. 앞으로는 우리 맥주를 쓰라구."

아뿔싸! 상좌의 손님이 H맥주의 사장일 줄이야. 그러나 마담은 조금도 당황하지 않고 대꾸했다.

"죄송합니다. 사장님! 사장님께서는 지금 상좌에 앉아 계십니다. 그렇기 때문에 술집 주인인 제게는 손님이시니까 제가 이렇게 찾아뵙고 인사를 드렸습니다. 그러나 만일 사장님께서 H맥주를 꼭 팔아달라고 한다면 그때는 손님이 아니고 파는 입장이 아닙니까? 파는 장사꾼이 상좌에 앉아서 이것 써라 말라 하는 것은 납득할 수 없는 일입니다. 뒷문으로 찾아오셔서, '우리 회사의 맥주를 써주십시오' 하고 머리 숙여 간청하시면 저희도 기꺼이 응하겠습니다. 그런 청을 상좌에 앉으신 분이 할 일이 아니지요."

이 말을 듣고 맥주회사의 사장이 고개를 숙였다.

"할 말이 없구먼. 마담의 말이 옳아요. 내 생각이 틀렸다는 것을 알았소. 용서하시오."

그 후 그 마담은 H맥주의 큰 고객이 되었을 뿐 아니라 H맥주의 사장 이하 전 사원 역시 요정의 단골손님이 되었다는 이야기이다. 마담의 부드럽고 배짱 있는 화술이 가져온 결과가 아닐까? 필요할 때, 필요한 말을, 필요한 만큼 할 수 있는 화술이야말로 현대인의 가장 큰 무기이다.

— 김양호, 『화술과 인간관계』

**01** 위 글의 제목 '말이 힘이다'를 보고 떠오르는 질문은 무엇인가?

**02** 위 글에 나온 그림을 보고 떠오르는 질문은 무엇인가?

**03** 그 외 떠오르는 생각들을 정리하여 보자.

아래에 주어진 글을 보고 물음에 답해 보자.

## 자동차 광고에 나타난 일관성

자동차 광고에 나타난 일관성은 자동차 상품체계가 다른 상품체계와는 어떻게 일치와 조화를 이루며 어울릴 수 있는지를 보여주기 위해 라이프스타일을 강조하는 데 역점을 둔다. 이러한 일관성의 광고는 상품간의 상호보완성을 이루어 특정 장소와 특정 시간과 관련된 소비 방식을 보여준다.

∴ 자동차 광고의 상징성

| | 자동차 소비의 차별성 | | | | 소비 표현 양식의 일관성 |
|---|---|---|---|---|---|
| 대형차 | 엔터프라이즈 그랜저 체어맨 | 최고의 지위 ▲ ┊ ┊ | 성공한 비즈니스맨 ▲ ┊ ┊ | 검정 ▲ ┊ ┊ | 정장 ↕ 고풍스런 정취 |
| 소형차 | 아토스 라노스 마티즈 | 경제성과 절약 | 평범한 샐러리맨 발랄한 여성 | 금빛 모래색 빨강색 | 캐주얼한 복장 ↕ 직장 밖의 풍경 |

― 백선기,『대중문화―그 기호학적 해석의 즐거움』

**01** 위 글의 제목 '자동차 광고에 나타난 일관성'을 보고 떠오르는 질문은 무엇인가?

**02** 위의 도표를 보고 떠오르는 질문은 무엇인가?

**03** '자동차'라는 단어에서 연상되는 것들을 자유 연상에 의해 나열하여 보자. 그리고 그 연상된 단어에 따른 이유를 이야기 해보자.

자동차

〈연상한 이유〉

아래의 글을 읽고, 이 글 이후에 전개될 내용을 예측하여 보자.

## 힐베르트의 호텔

힐베르트가 종업원으로 일하고 있는 가상의 호텔이 있었다. 이 호텔에는 무한개의 객실이 있다. 어느 날 한 손님이 호텔로 찾아왔는데 객실이 무한개가 있음에도 불구하고 방마다 모두 투숙객들이 들어 있었으므로 빈 방을 내줄 수가 없었다. 그런데 호텔 종업원인 힐베르트는 잠시 생각하던 끝에 새로 온 손님에게 빈 방을 마련할 수 있노라고 호언장담을 한다.

그는 객실로 올라가 모든 투숙객들에게 정중하게 부탁을 한다.

— 프리드리히 발레, 『이야기로 떠나는 수학여행』

## 4장 ★★★

# 읽는 중 활동 (1)
## ─내용 확인하기 및 요약하기

 기초 다지기

일반적으로 독서는 알아내기(knowledge), 이해하기(comprehension), 적용하기(application), 분석하기(analysis), 종합하기(synthesis), 판단하기(evaluation)의 단계를 거쳐 완성된다. 이 가운데 '내용 확인하기와 요약하기'는 독서 활동 가운데 첫 번째 '알아내기(knowledge)'와 두 번째 '해석하고 이해하기(comprehension)' 단계에 해당한다.

'알아내기'의 과정은 독자가 눈으로 읽은 내용을 머릿속에 담는 과정이고 '이해하기'는 첫 번째 단계에서 읽은 내용을 해석하고 이해하는 단계이다. 이 단계는 머릿속에 담아 둔 읽은 내용이 구체적으로 무엇인지를 인식하는 단계이다. 이 단계에서는 두서없는 내용들이 순서에 맞게 배열된다. 즉 생각이 정리되고 정돈된다. 독자는 자신이 읽은 내용을 이해하고 해석한다. 이때 독자는 책의 내용을 저자의 의도와는 정반대로 이해했을 수도 있다. 하지만 그것까지도 말할 수 있고 줄거리를 자신의 해석에 의해 나열할 수 있다. 뿐만 아니라 이러한 독자는 나열된 정보를 저자의 말이 아닌 자신의 말로 요약할 수 있고 예문을 들어 설명할 수도 있다.


## 1. 내용 확인하기

 전략 익히기

내용 확인하기는 독서의 가장 초보적 단계에 해당한다. 이 단계는 읽은 글의 세부 내용과 줄거리, 인과관계 및 대상의 특성을 확인하는 단계이다. 이 단계에서는 읽은 내용을 확인하기 위해 다양한 방법을 동원할 수 있다.

먼저 낯선 단어들과 마주친 독자는 사전과 인터넷을 이용하여 단어의 의미를 찾는다. 그리고 이 단어를 기억하기 위해 크로스 퍼즐(Cross-Puzzle) 작성하기를 활용한다. 줄거리를 쉽게 파악하기 위해서는 스토리 라인을 작성하는 방법이 있다. 그리고 읽은 내용에 담긴 사건의 인과관계와 대상의 특성을 확인하기 위해서는 접속어를 활용하거나 육하원칙에 입각한 질문법, 질문하기 등을 활용할 수 있다.

### 1) 세부 내용 확인

글의 세부 내용을 확인하기 위해서는 먼저 단어에 대한 이해가 전제되어야 한다. 글을 읽다보면 익숙하지 않은 단어들 때문에 글의 의미를 파악하는 데 방해를 받는 상황에 처하게 되기도 한다. 특히 전문서적이나 고전문학 작품에는 일반인들이 쉽게 접할 수 없는 단어들이 많이 사용된다. 따라서 낯선 단어들의 의미를 명확하게 파악하는 것은 글의 내용을 이해하기 위한 가장 기초적인 작업이다.

각 분야의 전공서적이나 고전문학 작품에는 흔히 쓰지 않는 전문용어나 한자어가 풍부하게 담겨 있다. 따라서 이러한 책을 읽고 그 세부 내용을 파악하기 위해서는 낯설고 어려운 단어들의 사전적 의미를 정확하게 확인하고, 이와 동시에 그 단어들이 가지고 있는 비유적 혹은 상징적 의미를 파악하는 것이 필요하다. 이를 위해 활용할 수 있는 것이 사전과 옥편, 그리고 최근에 쉽게 접할 수 있는 인터넷 검색 사이트들이다.

사전은 표제어에 대한 각종 정보를 담고 있는 보물창고이다. 거기에는 단어의 기본 의미뿐만 아니라 비유적으로 사용된 다양한 예문, 반의어와 유의어 및 동음이의어, 그 단어의 역사에 대한 정보까지 풍부하게 저장되어 있다. 따라서 어려운 단어를 만났을 때는 사전을 적극적으로 활용하면 많은 도움을 받을 수 있다. 특히 인터넷 검색 사이트는 여러 사전을 한꺼번에 검색할 수 있는 장점이 있고, 찾고자 하는 단어와 관련된 많은 정보를 제공하기 때문에 매우 유용하다.

그런데 사전과 인터넷에서 확인된 정보는 메모를 하거나 따로 폴더를 만들어 저장하지 않는 이상 자칫하면 쉽게 기억에서 사라질 수 있다. 그러다 보면 같은 단어의 의미를 다시 찾는 수고를 더해야 한다. 때문에 메모 수첩을 만들어 둔다거나 디지털 상에서 자료방을 만들어 저장하는 것이 도움이 된다. 하지만 이보다 더 좋은 방법은 한번 찾은 단어의 의미를 독자의 기억 속에 저장하는 것이다. 독자가 단어 의미를 쉽게 기억할 수 있다면 굳이 메모 수첩이나 컴퓨터 파일을 뒤적일 필요가 없다.

기억을 돕는 방법은 여러 가지가 있다. 우리가 영어 단어를 암기하듯 종이에 단어의 의미를 반복해서 써내려가는 것, 해당 단어를 지속적으로 사용하는 것, 눈에 잘 띄는 곳에 적어놓고 매일 바라보는 것, 크로스 퍼즐 문항을 작성하는 것 등이 그것이다. 이 중 가장 유용한 방법은 '크로스 퍼즐 문항 작성하기'이다.

크로스 퍼즐 문항을 작성하는 방법은 다음과 같다. 우선 자신이 읽은 글에 나오는 단어와 그 단어들의 유의어 및 반의어의 의미를 설명하는 문장들을 작성해 본다. 설명 문장은 단어의 기본 의미를 묻는 것일 수도 있고, 그 단어가 들어가는 관용 표현이나 속담을 활용하는 것일 수도 있다. 또한 그 단어의 유의어나 반의어를 묻는 것일 수도 있다. 이러한 과정은 글의 세부 정보를 파악하여 전체 내용을 이해하는 데 도움을 줄 뿐만 아니라 독자의 어휘력을 늘려 글의 의미를 파악하는 능력을 향상시켜 줄 것이다.

이상으로 단어의 문제가 해결이 되었다면 다음 단계에서는 핵심 정보를 찾아내야만 한다. 핵심 정보는 핵심어를 파악하는 것에서부터 출발할 수 있다. 핵심어는 글 전체를 포괄할 수 있어야 하기 때문에 반복되어 나타나며 그에 대한 세부 설명이 덧붙여지는 것이 일반적이다. 때로는 핵심어의 특성을 설명하기 위해 핵심어와 반대되는 개념을 예문으로 첨가하기도 한다. 핵심어 파악이 끝난 이후에는 이를 활용하여 핵심 문장을 찾을 수 있다. 이때 핵심어에는 동그라미를 치고, 핵심 문장에는 밑줄을 그어 선명하게 구분하는 것이 좋다.

엘렉트라 콤플렉스는 융이 고안한 개념이다. 프로이트는 엘렉트라 콤플렉스에 대해 부정적인 입장을 취하고 있다. 그는 여아가 특정한 혹은 고유한 콤플렉스를 형성할 정도로 적극적인 태도를 가질 수 없다고 생각한 것이다. 물론 그것은 여아가 남근을 가지고 있지 않기 때문이다.

여아는 남근을 가지고 있지 않기 때문에 초자아를 형성할 수도 없고, 비록 형성할 수 있다 할지라도 불완전하기 짝이 없다. 프로이트에 따르면 처음에 여아의 클리토리스는 남아의 남근과 똑같은 것처럼 여겨지지만, 여아가 자신을 또래의 남자 친구와 비교하면서 자신의 성기가 밋밋함을 알게 되면 뭔가 잘못된 것으로 여기게 된다는 것이다. 그리하여 이것이 남자 아이에 대한 열등감과 남성 콤플렉스의 원인이 된다고 주장한다.

그는 또 남성들은 오이디푸스 콤플렉스의 잔재로 인해 '여성들을 거세된 존재로 보기 때문에' 여성들에게 경멸적인 태도를 취하게 되며, 극단적인 경우에는 배타적인 동성애로 나아갈 수 있다고 말한다. 반면에 '여성은 자신이 거세되었음을 인정하고, 그래서 남성의 우월성과 자신의 열등성을 인정한다'는 것이다. 즉 여아는 자신이 남근을 가지지 않았다는 생물학적 사실을 통해 자신이 남아에 비해 열등한 존재라는 것을 최초로 스스로 인정하고 무릎을 꿇는다는 것이다.

이러한 측면에서 보면 여아는 상징적 사고와 추상적 사고에 아주 탁월한 능력을 보이는 것으로 여겨진다. 왜냐하면 여아는 '고추'가 사회학적으로 어떠한 특권과 영향력을 가지고 있다는 것을 이미 간파하고 있기 때문이다. 즉 하나의 물건이 가지고 있는 사회적 상징 체계의 복잡한 그 물망을 단숨에 읽어내고 있는 것이다.

— 장영란 『신화 속의 여성, 여성 속의 신화』

▶ 위 예문에 나오는 어려운 단어와 핵심어, 핵심 문장을 찾아보면 다음과 같다.

콤플렉스 : complex. 억압된 의식 아래 잠재해 있는 관념.
초자아 : 超自我, superego. 정신분석학에서, 이드(id)·자아(自我)와 함께
　　　　정신을 구성하는 한 요소. 본능이나 자아를 도덕·양심 등으로 억
　　　　제하는 높은 정신 현상.
오이디푸스 콤플렉스 : Oedipus complex. 정신분석이론에서 이성 부모에 대한
　　　　　　　성적 접촉 욕구나 동성 부모에 대한 경쟁의식을 가리
　　　　　　　키는 말.
남근 : 男根, penis. 남자의 외부 생식기의 길게 내민 부분.
엘렉트라 콤플렉스 : Electra complex. 여자아이가 아버지에게 애정을 품으면
　　　　　　　서어머니를 경쟁자로 인식하고 질투하거나 적대시하는
　　　　　　　경향.

위 예문 전체를 포괄하는 핵심어 '엘렉트라 콤플렉스'를 활용하여 핵심 문장을 찾고 이를 바탕으로 주제를 찾는다면 다음과 같은 주제문을 작성할 수 있다.

'엘렉트라 콤플렉스는 융이 고안한 개념으로 오이디푸스 콤플렉스를 가진 남아와 마찬가지로 여아도 상징적 사고와 추상적 사고에 아주 탁월한 능력을 가지고 있음을 증명한다.'

## 2) 줄거리 확인

줄거리를 확인하기 위해서는 글의 전체적인 통일성을 파악하고 그 내용을 요약할 수 있어야 한다. '줄거리 파악하기'는 실용적인 글보다는 문학 작품, 특히 소설을 읽을 때 유용한 독서 방법이다.

> **예문**
>
> 정원(貞元 : 중국 당(唐)나라 덕종(德宗) 연호) 9년 신도징(申屠澄)이 황관(黃冠)의 신분에서 한주(漢州) 집방현(什邡縣)의 위(尉 : 벼슬 이름)로 임명되어 가는 길에, 진부현(眞符縣)의 동쪽 십 리쯤에 이르러 바람눈을 동반한 매서운 추위를 만나 말이 더 이상 나아가지 못했다. 길가에 초가집이 있었는데 그 안에 불이 피워져 있어 무척 따뜻하게 느껴졌다. 불을 비추며 다가가니 늙은 부부와 처녀가 불을 둘러싸고 앉아 있었다. 젊은 처녀는 나이 열너댓쯤 되어 보였는데, 비록 엉클어진 머리에 때 낀 옷을 입고 있었지만 눈처럼 흰 피부 꽃 같이 붉은 뺨은 빛났고 행동거지 또한 아름다웠다. 노부부는 신도징이 오는 것을 보고 급히 일어나 말하였다.
>
> "나그네께서는 심한 추위에 눈을 만나셨군요. 불 앞으로 오십시오."
>
> 신도징이 한참을 앉아 있으니 하늘빛이 이미 어두워졌는데, 바람과 눈은 멈추지 않았다. 신도징이 말하였다.
>
> "서쪽으로 현까지 가려면 아직 멀었습니다. 이곳에서 묵어가도록 해주십시오."
>
> 노부부가 말하였다.
>
> "이 오두막집을 비루하다 여기시지 않으신다면 감히 명을 받들겠습니다."
>
> 신도징은 마침내 안장을 풀고 이불과 휘장을 베풀었다. 어린 처자는 나그네가 그곳에 묵을 것을 알고 얼굴을 다듬고 단정하게 화장을 하고 내실에서 나왔는데 얌전하고 우아한 태도마저 있어 처음 보았을 때보다 훨씬 아름다웠다. 신도징이 말했다.
>
> "낭자의 명석함과 지혜는 남달리 뛰어난 듯합니다. 다행히도 결혼하지 않았다면 감히 제 스스로를 신랑감으로 천거하고 싶은데 어떠하신

지요."

노인이 말했다.

"기대하지 않았는데 귀객께서 선택하시니 이미 정해진 분수인 듯합니다."

신도징은 마침내 사위되는 예를 다스리고, 자신이 타고 왔던 말에 그녀를 싣고 길을 떠났다. 관아에 이르자 받는 월급은 무척 박하였지만 아내가 힘써 집안을 이루어 마음 기쁘지 않음이 없었다.

후에 관직의 임기가 만료되어 고향으로 돌아가려 함에 이미 일남일녀를 낳았는데 그들 또한 명석하고 지혜로웠는지라 신도징은 아내를 더욱더 공경하고 사랑하였다. (중략)

마침내 함께 아내를 만났던 그 집을 찾아갔지만 인적이 없었다. 그러자 아내는 깊이 그리워하는 마음 때문에 종일 흐느껴 울었다. 그러다 문득 벽 모서리에 있는 한 호랑이 가죽을 보더니 아내가 크게 웃으며 말했다.

"이 물건이 아직 여기에 있을 줄은 몰랐네."

그리고는 그 가죽을 가져다 쓰니 즉시 호랑이로 변하여 울부짖으며 움켜잡더니 문으로 돌진하여 나가는지라 신도징은 놀라 피하였다. 신도징은 두 아이를 데리고 길을 찾아 가면서 산림을 바라보고 며칠간 크게 통곡하였지만 끝내 간 곳을 알 수 없었다.

— 이월영 외, 『여성문학의 어제와 오늘』

줄거리를 파악하기 위해 가장 먼저 선행되어야 하는 것이 스토리 라인 작성이다. 스토리 라인을 작성하기 위해서는 시간의 순서에 따른 사건의 진행 과정을 정리해야만 한다. 누가 어떻게 하는가, 무엇이 어떻게 움직이는가, 그 사건이 어떻게 진행되는가를 시간적 순서에 따라서 기술한다. 전제나 논증이 아닌 짤막한 이야기로 플롯을 요약하여 작품의 줄거리, 즉 작품 전체의 일관성을 파악한다.

위 예문의 스토리 라인을 작성해 보면 다음과 같다.

① 신도징은 부임길에 늙은 노부부가 사는 초가에서 하룻밤을 보내게 된다.
② 노부부의 딸이 신도징에게 다가와 인사를 건넨다.
③ 노부부의 딸에게 반한 신도징은 그녀와 혼인하고 함께 부임지로 향한다.
④ 신도징은 부임 기간 동안 아들딸을 낳고 행복한 날을 보낸다.
⑤ 신도징은 임기가 만료 돼 고향으로 돌아가는 길에 처가에 들른다.
⑥ 처가가 있던 자리에는 인적이 없고 벽 모서리에 호랑이 가죽만 걸려 있다.
⑦ 신도징의 아내가 가죽을 뒤집어쓰자 호랑이로 변한다.
⑧ 호랑이가 된 신도징의 아내는 신도징과 두 아이를 남겨둔 채 산림으로 사라진다.

이상 8개의 스토리 라인을 연결하면 간략한 줄거리를 작성할 수 있다. 아무리 긴 글이라 하더라도 이상과 같이 시간의 순서에 따른 스토리 라인을 작성해 가면서 독서를 하다보면 자연스럽게 줄거리를 요약할 수 있는 능력을 기를 수 있는 것이다.

### 3) 인과관계 확인

문단의 앞뒤 맥락을 파악해 내용의 인과관계를 확인하려면 우선 글의 연결고리를 찾아야 한다. 보통 문단과 문단을 연결시키는 연결고리는 접속어이다. 접속어는 크게 두 가지 유형으로 나눌 수 있다. 하나는 '그리고, 그래서' 등의 순접 접속어이고 다른 하나는 '그러나, 그렇지만' 등의 역접 접속어이다.

순접 접속어는 앞뒤의 문장이나 구를 논리적 모순 없이 순리적인 관계로 이어나가고, 역접 접속어를 앞의 글에서 서술한 사실과 서로 반대되는 사태나 그와 일치하지 않는 사태가 뒤의 글에서 성립하는 경우에 쓰인다. '그러므로, 그래서' 등의 접속어는 앞의 내용이 뒤에 오는 내용의 원인·전제·조건이 됨을 나타낸다. 또한

'왜냐하면'도 글의 앞뒤 맥락을 파악하는 데 매우 중요하다.

　문단의 서두에 접속어가 나와 있으면 문단의 앞뒤 맥락을 파악하기가 쉽다. 문장이 순접 접속어로 이어지면 앞의 내용과 뒤의 내용이 동일한 맥락에서 이어지고 있음을 알 수 있고, 역접 접속어로 이어지는 문장의 경우라면 앞과 뒤의 맥락이 전환되고 있음을 파악할 수 있기 때문이다. 그러나 접속어에 주목한 글 읽기의 경우, 단문은 유용한 방법이 되지만, 호흡이 긴 글의 인과관계를 확인하는 데는 큰 도움을 주지 못한다. 이때는 '육하원칙(1H5W)에 따른 질문하기' 방법을 사용하는 것이 좋다.

　'1H5W 질문법'은 누가(Who), 언제(When), 어디서(Where), 무엇을(What), 어떻게(How), 왜(Why)의 '육하원칙'에 입각하여 만든다. '누가, 언제, 어디서, 무엇을, 어떻게, 왜'에 대해 하나하나 질문해 가면서 독자는 자연스럽게 글에 담긴 상세한 내용과 더불어 부분들 간의 인과관계를 파악하게 된다.

## 매트릭스와 운명의 문제

예문

　매트릭스에서 모든 것은 이미 결정되어 있다. 그 속에서 주체가 스스로 결정하는 것은 아무 것도 없다. 주체는 스스로 결정한다고 믿고 있지만, 자신이 스스로 결정한다고 믿는 것 자체가 이미 짜여진 각본에 불과하다. **하지만** 과연 모든 것이 조금의 잉여도 없이 미리 짜여질 수 있을까? 여기서는 "지금 벌어지고 있는 모든 것이 이미 프로그램에 의해서 짜여진 것인가, 아니면 주체적 결단에 의해서 그때그때 우연적으로 벌어지는 것인가?" 하는 운명과 자유의지에 대하여 탐구한다. <매트릭스>에 그려진 매트릭스의 세계는 모든 것이 미리 결정된, 즉 운명적으로 주어진 세계이다. **하지만** 영화를 잘 들여다보면 그런 운명을 일탈하는 사건들이 자주 드러난다. 이것은 감독의 실수가 아니라 감독의 의도적인 배치의 결과물이다. **왜냐하면** 매트릭스의 세계 역시 현실 세계의 논리로부터 완전하게 벗어날 수 없고, 결국 주인공 '네오'는 예언과 운명을 거부해야 하기 때문이다. '네오'는 사랑을 선택한다. **하지만** 예언을 거부하는 것 자체가 일종의 운명일 수도 있는 또 다른 가능성은 남아있다. 그 가능성은 <매트릭스>가 할리우드 영화의 관습을 답습하는 한 현실적인 해결 방안이 될 것이다.

— 이정우 외, 『철학으로 매트릭스 읽기』

▶ 위 예문의 내용을 육하원칙에 따른 질문하기(1H5W 질문법) 방법으로 확인해 보면 다음과 같다.

① 누가(Who) : 주체인 주인공 네오
② 언제(When) : 영화 속 시간
③ 어디서(Where) : 영화 <매트릭스>에 그려진 매트릭스의 세계
④ 무엇을(What) : 운명과 자유 의지
⑤ 어떻게(How) : 탐구
⑥ 왜(Why) : 예언과 운명을 거부해야 하기 때문

## 4) 대상의 특성 확인

글은 글쓴이의 의도를 반영하기 때문에, 글을 정확하게 읽어야만 그 의미를 올바로 이해할 수 있다. 만약 독자가 글쓴이의 정확한 의도를 이해하지 못한다면 엉뚱한 방향의 논지로 내용을 파악하는 일이 생길 수 있다. 따라서 정확한 독서를 위해서는 글을 읽는 이가 자신의 주관적인 감정이나 감상을 배제하고 글에 나와 있는 내용을 토대로 객관적 독서를 하는 것이 중요하다.

객관적 독서를 위해서는 자신이 읽고 있는 글이 무엇에 관한 것인지를 알아야만 한다. 이때 '무엇'에 해당하는 것이 바로 글의 '대상'이다. 글의 대상을 정확하고 깊이 있게 파악하기 위해서는 '질문하기'의 방법을 활용할 수 있다. 이 방법은 독자가 글을 읽어나가면서 중요하다고 생각하는 내용에 대해 의문을 제기하게 함으로써 대상에 대한 이해를 용이하게 하는 방법이다.

일반적인 독자들이 쉽게 범하는 실수 가운데 하나가 글을 다 읽고 난 이후에도 자신이 무엇을 읽었는가를 정확하게 기억하지 못한다는 것이다. 다만 독자는 글의 피상적인 내용만을 기억할 뿐이다. 때로는 글쓴이가 무엇에 대해 말하고 있는지를 파악하지 못하는 일이 종종 있다. 그 결과 누군가 해당 내용에 대해 물어볼 경우, 답을 하지 못하는 일이 생긴다.

이와 같은 경우, '질문하기' 방법을 활용한다면 대상의 특성을 파악하고 글의 전체 흐름을 파악하는 데 도움을 받을 수 있다. 구체적인 방법으로는 글을 읽는 도중 자신이 중요하다고 생각하는 부분에 간단한 메모 형태로 여백에 적는 것이 있다. 글을 다 읽고 난 이후 독서의 심화를 위해 기억나는 단어나 내용 등을 메모해 보는 방법도 바람직하다. 이것은 비교적 간단한 방법이지만 그 효과는 크다. 읽는 사람이 내용을 읽는 도중에 의식하게 만듦으로써 내용을 선별하여 중요 내용만을 추출하게 만드는 효과를 갖기 때문이다. 이렇게 메모한 내용을 바탕으로 자신이 읽었던 내용에 대해 질의/응답 과정을 거침으로써 내용의 주요 부분을 정리하면 전체 내용에 대한 이해가 선명해진다. 작성자가 이 질문법을 사용하는 주된 이유는 해당 부분을 구체화시킴으로써 내용의 정확한 파악과 이해에 도움을 줄 수 있기 때문이다.

이 훈련 과정은 처음에는 긴 문장부터 시작하기보다는 단문부터 시작하는 게 좋다. 초보 독자의 입장에서는 처음부터 내용이 긴 문장이나 난해한 문장을 대상으로 하는 것은 부담스러운 일이다. 그보다는 쉬운 단문부터 연습하는 것이 내용 파악이 쉽고 자신감을 획득하는 데 유리하다. 처음에는 단문부터 시작하여 단문의 중심을 이루는 키워드가 무엇인가를 파악하고 그 의미를 이해하도록 한다. 이후 훈련 과정을 반복하면서 긴 문장에까지 적용시켜 대상의 특성을 파악하는 것이 바람직하다.

# 서사를 대신하는 활동사진의 쾌락, <형사 Duelist>

멀고 먼 옛날 조선에서. <형사 Duelist>는 여느 나그네의 요설처럼 막을 올린다. 아니, 영화의 프롤로그는 정말로 인간인지 귀신인지 모를 여인네에게 유혹당하는 나그네의 요설이다. 극과 상관없는 프롤로그가 갑자기 중단되면, 장터에서 잠복근무 중인 좌포청의 안 포교(안성기)와 <인정사정 볼 것 없다>의 우 형사처럼 걸걸한 '남순(하지원)'이 등장한다. 두 사람은 화폐 위조범들의 출처를 알아내는 임무를 맡고 있는데, 병조판서(송영창)와 그의 하수인인 '슬픈눈(강동원)'이 유력한 용의자로 떠오른다. 하지만 '남순'이 세상 사람 같지 않은 '슬픈눈'과 사랑에 빠지면서 임무는 흔들리기 시작한다.

이상하게도 영화가 진행될수록 이야기는 사라져간다. <인정사정 볼 것 없다> 이후 6년 만에 돌아온 이명세는 더 이상 서사에 관심이 없는 듯하다. 서사의 공백을 대신하는 것은 활동사진의 쾌락이다. 고속촬영과 저속촬영, 프리즈 프레임(정지화면), 색감과 명암의 급격하고 다양한 변화를 통해 보이는 화면은 '활동' 그 자체로서도 이야기를 할 수 있다는 이명세의 자신감으로 보인다. 자연스레 미장센도 형식미를 과용한다. 프로덕션디자인은 고증보다 상상력에 기대고, 조명은 종종 빛과 어둠을 흑백으로—병조판서의 바둑알처럼 혹은 만화의 한 페이지처럼—극단적으로 갈라놓는다. 특히 깊이를 알 수 없는 어둠과 빛을 드나들며 벌이는 '슬픈눈'과 '남순'의 돌담길 액션장면은 지독하게 아름다운 이명세식 형식미의 절정을 탐한다.

<형사 Duelist>가 일본적인 양식미를 떠올리게 만드는 것도 무리는 아니다. 마당에 흐드러지게 핀 붉은 꽃은 꽃꽂이[生け花]와 다르지 않고, 가면을 쓰거나 무표정한 모습의 슬픈 눈은 전통극 노[能]를 연상시킨다. 그런가 하면 마지막의 꿈결 같은 대결은 검은 옷을 입은 사람들이 숨어서 인형을 조종하는 인형극 분라쿠[文樂]와 닮아 있다. 이명세는 운명의 사슬을 끊지 못해 격정적인 대결을 벌이는 캐릭터들 위에 인형 조종사처럼 군림한다. 그래서 <형사 Duelist>는 종종 무협이라기

보다는 무협인형극에 가까워 보인다.

당대의 스타일리스트가 자신의 장기를 극한으로 밀어붙여 창조한 <형사 Duelist>는 실로 아름다운 천지지만, '활동사진'의 사전적 의미를 되묻고 있는 실험처럼 느껴지기도 한다. 이 탐미적인 활동사진을 즐기기 위해서는 비어있는 서사에 마음쓰지 않고 "감정의 리듬을 지탱하는 것은 드라마가 아니라 몸과 움직임"이라는 감독의 제안을 받아들이는 것이 좋다.

— 김도훈, http://www.cine21.co.kr

 위 글을 읽고 질문지를 작성해보자.

① 형사 Duelist의 시대적 배경은 언제인가?

: 멀고 먼 옛날 조선

② 형사 Duelist의 감독은 누구인가?

: 이명세

③ 형사 Duelist의 주요 등장인물은 누구인가?

: 좌포청의 안포교와 남순, 화폐 위조범 병조판서와 그의 하수인 '슬픈눈'

④ 형사 Duelist의 서사적 공백을 대신하는 것은 무엇인가?

: 활동사진의 쾌락

⑤ 글쓴이가 형사 Duelist의 장점으로 꼽는 것은 무엇인가?

⑥ 글쓴이가 형사 Duelist의 단점으로 지적하고 있는 것은 무엇인가?

⑦ 형사 Duelist를 즐겁게 감상하려면 어떻게 해야 하는가?

'질문하기'의 시작은 질문 카드 작성이다. '질문하기'는 자신이 알지 못하고 있는 대상에 대해 제시문에 나타난 정보를 동원하여 그 대상의 특성에 접근해 가기 위한 방법이다. 따라서 이 방법을 성공적으로 수행하기 위해서는 추상적이고 포괄적인 개념을 동원하기보다는 이미 제시된 지문에서 질문을 추출해 대상의 핵심에 도달하는 것이 필요하다. 이러한 과정을 거치면서 독자는 추상적이고 모호하던 대상의 특성을 구체적으로 파악할 수 있다.

다음 글을 읽고 질문에 답해보자.

# 사랑의 회오리 바람

장 자크 베닉스의 <베티 블루, 아침의 37도 2분>
사랑은 어디까지 갈 수 있을까?

한 남자와 한 여자가 우연히, 혹은 숙명적으로 만나면서 시작되는 회오리 바람은 두 사람 사이의 신비로운 공간 속이 아니면 다른 사람들의 눈에는 절대 완벽하게, 그렇다 완벽하게 이해되지 못한다. 다만 이해하는 것처럼 생각될 뿐이다.

86년 아카데미 최우수 외국영화작품상에 노미네이트되었고, 88년 몬트리올 영화제 그랑프리를 거머쥔, 장 자크 베닉스 감독의 프랑스 영화 <베티 블루, 아침의 37도 2분>은 누벨 바그 시대를 통과한 새로운 세대의 사랑빚기 모형에 해당된다. 90년 칸느 영화제 그랑프리를 수상한 니콜라스 케이지 주연의 <광란의 사랑> 역시 그러한데, 남녀 간의 평범한 사랑 속에 내재한 어떤 광기, 글쎄 그것을 단지 광기라고밖에 표현할 수 없는지는 모르겠지만, 그런 광기를 묘사한 작품들이 근래 들어 눈에 두드러지고 있는 현상은 음미해 볼 만한 것이다.

필립 데잔 원작의 소설을 영화화한 <베티 블루, 아침의 37도 2분>은 이제 인생에 대해 조금 눈을 뜨기 시작하는 20살의 여자 베티(베아트리스 달)와 그녀가 사랑하는 남자 조르그(장 위그 앙글라드)의 사랑이야기이다. 그러나 그 사랑은 우리가 주위에서 흔히 목격할 수 있는 그런 모습은 아니다. (그러나 사실 한 걸음 더 깊숙이 들어가 보면 평범한 사랑처럼 보이는 것도 그 안에서는 얼마나 은밀한 우주가 깃들어 숨쉬고 있는 것인가!)

작가 지망생인 조르그는 자신의 능력에 회의를 느끼고 한적한 휴양지의 방갈로 관리인으로 살아가고 있다. 그때 베티가 나타난다. 베티 역시 웨이트리스로 일하고 있다가 주인 남자가 접근해 오자 도망쳐 온 것이다.

영화의 첫 장면은 조르그와 베티의 거친 정사로부터 시작된다. 방갈로 2층 침대 위에서 그들이 쏟아버리는 땀과 거친 호흡은 관객들을 압도한다. 조르그에게 방갈로를 페인트칠 하라고 명령하는 주인. 베티는 격렬하게 그 주인에게 항의한다. 그녀는 속옷도 입지 않은 치마를 훌렁 걷어 올리며 그를 야유한다. 청순함과 관능미를 동시에 지니고 있는 베티의 이런 격렬함, 대담성은 20대 초반 젊음의 열정을 나타내는 한 표상이다. 사실 런닝타임 120분의 이 영화는 대담한 노출장면이 많다. 그렇다고 그 장면들이 선정적인 것은 절대 아니다. 노출되어야 할 때 노출시키는 것이 얼마나 영화적 완성도를 높이는가를 단적으로 보여주고 있다고까지 말할 수 있다. 그러나 유감스럽게도 국내의 극장에서 상영됐을 때나, 또 비디오로 출시되었을 때는 그런 부분들이 조금씩 가위질됐다.

나는 원래 이 작품을 노컷 비디오로 보았었는데, 그 뒤 다시 출시된 비디오로 보았을 때 심한 답답함을 느꼈다. 가위질하는 사람의 입장에서는 몇몇 노출이 심한 부분을 조금밖에 잘라버리지 않았는데 그 정도 가지고 그런 소리를 하느냐고 반문할지도 모른다. 그러나 내 생각은 다르다. 바로 그렇게 조금씩 가위질 당한 부분이 일부에 불과하더라도, 감독은 치밀한 계산 아래서 노출을 시켰던 것이다. 따라서 그 부분이 사라지게 되자, 노출되었을 때 느끼던 어떤 카타르시스 같은 것이 전달되지 못하는 것이다.

베티는 우연히 조르그의 작품 노트를 보게 된다. 수십 권에 달하는 그 노트들을 밤을 꼬박 새워 읽은 베티는 그때부터 조르그를 정상적인 눈으로 보지 않는다. 베티의 눈에는 조르그야말로 천재 작가이다. 그녀는 조르그에게 방갈로를 떠나 파리로 가자고 말한다. 그리고 파리에 있는 베티의 친구집에서 그들은 기거하게 된다. 베티는 자신이 며칠 밤을 새워 타이핑한 조르그의 소설을 각 출판사의 편집자들에게 우송한다. 그러나 그 작품들은 반송되어 오거나 '미안하지만 귀하의 작품을 출판할 수 없게 됨을 알려 드립니다'라는 편지로 되돌아오기 일쑤이다. 드디어 베티는 조금씩 히스테릭한 면을 보이기 시작한다.

넓은 세계로 통하는 탈출구가 막혀버리고, 오히려 자신의 삶이 그

거대한 세계의 벽을 뚫고 한치도 나아갈 수 없음을 느끼면서 그녀는 더 이상 물러설 수도 없는 자신의 삶 속에 스스로 붙잡히고 만다. 그녀의 절망은 뒤로 나갈 수도, 그렇다고 앞으로 갈 수도 없는 자의 절명이다. 끈끈이주걱에 붙잡혀서 발버둥치는 날벌레처럼 그녀는 온 몸으로 저항한다.

그러나 육체는 사실 얼마나 가엾은 것인가. 끝내 그녀는 자신의 눈을 후벼내고 앰뷸런스에 실려 입원한다. 그녀를 문병 가는 조르그. 그는 여자로 가장하고 병실에 들어가서, 이미 한쪽 눈과 명증한 의식을 잃은 베티의 얼굴을 베개로 눌러 고통이 없는 다른 세상으로 보내버린다.

— 하재봉, 『하재봉의 영화 읽기』

01 위 글에서 모르는 단어가 있다면 의미를 찾아 짧은 문장을 만들어 보자.

**02** 위 글에서 줄거리를 확인하기 위해 필요한 부분에 밑줄을 그어보자.

· 우선 이 글의 대상이 무엇인지를 파악한다.

· 대상을 파악했다면 그 대상의 세부 내용을 확인하는데 도움이 될 핵심 단어를 찾는다.

• 핵심 단어가 들어간 문장을 찾는다.

03 위의 답을 참조로 스토리 라인을 작성해 보자.

• 핵심 단어가 들어간 문장을 모두 찾아 시간 순으로 배열한다.

• 시간 순서대로 배열한 각각의 문장을 주어와 서술어를 갖춘 짧은 글로 정리한다.

다음 글을 읽고 질문에 답해 보자.

## 괴물과 희생자 : 공포영화 속의 여성
### MONSTER AND VICTIM : WOMEN IN THE HORROR FILM

여성은 본질적으로 이중적인 존재이다. 이런 단정에 의문을 제기할 수 있을까? 여성이 이중성을 가졌다고 가정하는 것이 여성의 이중성에 대한 성차별의 신화를 표면적으로나마 인정하는 것일까? 그럼에도 나는 여성은 이중적인 존재라고 거듭 말하면서, 그 본질적인 이중성 때문에, 그 본성에 의해 여성은 우리가 판타지의 영역이라고 일컫는 유령, 흡혈귀, 악마, 괴물, 자동인형 인간, 정신병자, 천재적인 악마의 세계에 속한다고 덧붙이려 한다. 그리고 이제 나는 이런 본질적인 이중성이 여성에게만 적합한 것인지, 아니면 모든 인간에게 적합한 것인지를 질문해야만 한다. 그런데 여성은 어떤 점에서 남성보다 덜 '인간'적인 것일까? '이중성'의 개념을 여성의 모습과 행동을 완벽하게 묘사한 모든 판타지 장르를 푸는 참된 실마리로 볼 수는 없을까?

이 문제를 검토하기 위해, 프리츠 랑이 지하세계 <메트로폴리스>를 삼켜버린 미래의 묵시록적인 어둠에서부터 탐구를 시작해보자. 거기서 우리는 누구를 만나게 될까? 억압받는 자들의 무리를 지휘하면서 동시에 억압자들의 방탕한 유흥을 이끌고 있는 인물로부터 우리는 무엇을 보게 될까? 우리는 여성을, 바로 마리아라는 1인 2역의 여성을 본다! 물론 그녀가 똑같은 얼굴을 가졌으므로, 겉모습이 똑같은 여성이다. 그런데 한쪽의 마리아가 평화와 화해를 역설하는 피와 살을 가진 여성인데 비해, 다른 쪽의 마리아는 증오와 폭력을 선동하는 영혼없는 로봇이다. 그녀를 하나의 상징, 곧 우화의 분명한 중심점, 두 개로 나누어진 세계 사이의 고리, 같은 여배우가 연기하는 동일한 인물, 즉 두 개의 대립된 세계의 통합으로 간주해 보자.

진부해질 위험이 있지만, 먼저 판타지의 대중적이고 직접적인 형식인 공포영화가 에로티시즘과 성욕(sexuality)을 위해 선택된 영역이라고 선언해 보자. 특히 이것은 영화가 에로티시즘과 성욕을 감추어야 했던 시대에 해당된다. 그런 영화에서의 공포는 성적 욕망과 분리할 수 없다. <킹콩>의 훼이 레이 같은 아름다운 희생자가 외치는 비명은 공포뿐만 아니라 희열을 전달해 주며, 마찬가지로 경련, 발작, 반쯤 벌린 입, 튀어나올 것 같은 눈은 공포만큼이나 오르가즘을 표현하고 있다.

따라서 프리츠 랑의 선견지명을 관념적으로 추론해보면, 판타지 영화에서 여성은 줄곧 고문을 가하는 자이자 고문을 당하는 자이며, 새디스트이자 매조키스트이고, 괴물이자 희생자였다. 그럼에도 이런 혁신적인 관점은 다른 곳에서처럼 유럽에서도 일반적인 남성우월주의나 남근지배에 대한 설명으로 받아들여지지 않았다. 남성은 보통 아내나 딸의 성욕을 인정하고 싶어하지 않았으며, 또한 자신을 위해서도 그것을 인정하고 싶어하지 않는 것으로 여겨졌다. 따라서 영화는 대량생산과 대량소비를 목표로 했으므로, 음란한 생각을 허용하지 않는 대중들을 만족시켜 온 다른 예술 분야와 전혀 다른 가치체계를 만들어 낼 수는 없었다. 결국 겉으로 드러난 판타지 영화의 가치체계는 여성지, 소프 오페라, 중성화된 여주인공이 등장하는 빅토리아 시대의 멜로 드라마와 비슷한 정도로 남아있었다. 이런 필요성은 최근의 진보에 앞서 활동했던 상상력이 풍부한 감독들을 자극해서 결국 그럴듯한 탈출구를 찾아내도록 만들었다.

### 대상으로서의 여성

판타지가 옛날이야기에 그 기원을 갖고 있고, 그 옛날이야기 자체가 불가사의함에 대한 문학적 표현이라면, 우리는 판타지의 구조가 바위에 새겨진 화석처럼, 일종의 영원성을 갖고 있다는 결론을 내려야 한다. 옛날이야기의 세계에서 여성은 거의 언제나 무슨 일이 일어나든 절대로 직접 행동에 나서지 않는 공주이다. 그녀는 욕망의 대상으로서, 용이나 다른 종류의 괴물에게 강탈당하고, 뿐만 아니라 아버지인 왕이 특별한 공적을 성취한 사람과 그녀를 결혼시키겠다고 공표함으로써 그녀는 보상의 대상이 된다. 말하자면 모든 행위—추적, 여행, 결투—가 이루어지는 동안, 그녀는 보통 모습을 나타내지 않는다. 감히 알프레드 히치콕의 표현을 써본다면, 그녀는 맥거핀(MacGuffin)으로, 모험에 필요한 핑계거리이다. 예를 들어 <오명>에서 여성은 우라늄과 같은 역할을 한다.

모험 유형을 띤 수많은 판타지 영화에서, 여성은 1차원적 동반자, 즉 모험에서의 엑스트라 위치로 축소된다. 시나리오 작가에 의해 먼저 그녀는 우리의 감정을 자극하기 위한 장치─공포와 마주친 그녀의 비명, 미친듯이 도망가는 그녀─이며 일상에서 에로틱한 상황으로 도약하는 수단─그녀의 옷이 뜻밖의 재난으로 찢겨지는 데서 오는 짜릿함, 제멋대로 날뛰는 수컷 야수의 어깨에 머리를 기대는 그녀의 꽉 들어찬 이미지에서 오는 성적 해방감─으로 사용된다. 이것을 확인하려면, 이런 타락한 경향의 대표적인 영화이자 모델인 <킹콩>을 한 번 더 인용해보기만 하면 된다. 거대한 야수가 싸움에 나서는 시퀀스마다, 원래 그 싸움의 목적이었던 훼이 레이가 그 싸움이 끝날 때까지 얼마나 자주 구석에 버려져 있는지 생각해 보라.

·그렇다면 판타지의 일부에서 여성은 옛날이야기의 공주같은 여성의 대응자이며, 대중의 기대치를 만족시키기 위해 고안된 보충 항목으로 나타나는 것은 충분히 논리적이다. 그럼에도 이런 여성 역할의 불필요함은, 여성이 선택당한 인물 또는 기껏해야 전형적인 괴물의 전형적인 희생물이 됨으로써 차지하게 되는 일정한 몫을 통해 뚜렷해진다. 따라서 괴물과 그의 범죄는 희생물이 진짜 가련하지 않다면 정말로 무서울 수가 없다. 그녀는 나약하고 공격받기 쉬우며, 뿐만 아니라 나약하고 공격받기 쉬운 것 이상이 되어야 한다. 그러므로 설득력이 부족한 몇 편의 영화에서 보았던 것처럼, 그런 역할이라면 아이 정도로도 충분할 것이다. 가련하게 보이려면 그녀는 또한 욕구를 자극할 수 있어야 한다. 판타지에서 희생자는 언제나 성적인 대상이고, 괴물의 공격은 모두 강간의 형태를 취한다. 판타지와 끝없이 더해가는 성적 살인을 다룬 <살인마 잭> 같은 영화를 연결시키는 것은 우연이 아니다. 털이 많은 전통적 괴물/공격자─야수, 원숭이, 늑대인간─는 강간의식의 집행이라는 느낌을 강화해준다. 오히려 상징적인 표현이 더 노골적이다. 그리고 여기서 우리가 이런 유형의 무수히 많은 부수적 상징들을 목록화할 수는 없지만,

그중에서 '훔쳐보는 자'가 남근 모양의 막대기를 희생자의 목구멍에 찔러 넣는 행위는 가장 큰 '공포'를 불러일으킨다.

여성/대상은 거대한 원시의 제단에 꽁꽁 묶인 채 몸부림치는 훼이 레이의 원형을 간직하고 있는, 희생되는 인간 제물이다. 넓은 범위에서나 좁은 범위에서나 그녀는 죽음에 이르는 싸움의 목표이다. 또한 그녀는 번번이 그 싸움으로부터 피난처이다. 예를 들어 <가장 위험한 게임>에서, 그녀는 사냥꾼을 위한 휴식의 기능을 의례적으로 할당받고 있다. 그러나 보상이든 완충물이든, 이런 여성/대상은 절대로 전투에 직접 참여할 수는 없다.

## 공격적 성욕

판타지의 또 다른 중요한 부분에서, 성욕과 행위의 관계는 아주 다르다. 이것은 흡혈귀 영화의 영역으로, 성적 욕구는 행위의 구실이 아니라 행위가 존재하기 위한 조건이다. 그리고 그 성욕의 본질 또한 변화한다. 무기력한 여성/대상에 대한 단순한 공격행위에 그치지 않고, 더 나아가 유혹, 개종, 미묘한 전이, 다면적 관계를 통해 여성이 참여하게 되는, 서로 복잡하게 얽힌 일련의 행위를 가정하고 있는 것이다. (흡혈귀의 존재를 믿고 따르는—옮긴이) 뱀파이어리즘은 판타지와 에로티시즘을 의도적으로 뒤섞은 결과이다. 시간이 갈수록 점점 더 희미해지기는 하지만, 에로티시즘의 상징적 표현은 어렴풋이 숨겨져 있다. 우리는 다만 짧은 잠옷을 입고 침실의 창문을 활짝 열어젖힌 채 침대에 누워 기대에 부풀어 기다리고 있는, 그러면서도 불안에 떨고 있는 젊은 여자를 떠올리기만 하면 되는 것이다! 흡혈귀의 행위—물기, 꿰뚫기, 빨기—에서 드러나는, 너무 지나치게 노골적인 성적 의미를 길게 논하지 않겠다. 영화에서 표현의 허용범위가 넓어지면서, 한때는 암시적으로 숨겨졌던 흡혈귀의 행위가 요즘 점점 더 사실적으로 묘사되고 있다는 점만 짚고 넘어가기로 하자. 이런 식의 강조는 때때로 흡혈귀 영화에 해로울 수도 있는, 쓸데없는 결과를 가져오는 원인이 되기도 한다. 나는 프레디 프란시스의 <무덤에서 부활한 드라큐라> 같은 영화를 생각하고 있다. 그러나 때로는 가이센도르퍼의 <조나단> 같은 영화의 예를 통해서, 그런 영화가 실험과 새로운 우화 창조의 가능성을 보여준다는 것을 알 수 있다.

여기서 우리의 논의를 위해 중요한 것은 흡혈귀 영화에서 여성 자신이 행위에 참여한다는 사실이다. 처음에는 단순히 성욕과 욕정의 대상이었던 그녀는 줄곧 수동적인 상태로만 머물러 있지는 않는다. 그녀는 게임에 참여해서 차례가 돌아오면 횃불을 들고 흡혈귀의 기쁨을 다른 사람에게 전달하는데, 그 세계에 대항하는 반 헬싱은 그 행위를 아주 일반적으로 유행하는 일종의 질병으로 주목한다.

그럼에도 여성은 흡혈귀로서도 오랫동안 보조적인 역할로 한정되어 왔다. 드라큐라의 동반자들은, 그의 신부들이건 정부들이거나 또는 조수들이건 간에 여전히 복종하는 하녀들이고 주인의 맹목적인 추종자들이며, 그 주인 자신은 부활한 시체의 상징이다. 나는 이러한 상황이 곧 바뀔 것이며, 특히 새로운 주제의 가능성이 당연히 확장되어야 하고, 새로운 주제가 플롯에 새로운 방향을 열어줄 것으로 믿는다. 그 새로운 주제의 하나는 정신적 사랑과 육체적 사랑의 상호작용으로, 뱀파이어리즘은 그 후자의 경험을 나타내고 있다. 처녀성을 갖고 있는 주인공의 약혼녀가 밤의 백작에 의해 성에 눈뜨게 되는 <조나단> 같은 독특한 흡혈귀 영화는 이미 그런 주제를 탐색한 바 있는데, 이런 탐색을 통해 흡혈귀 영화에 다양한 종류의 새로운 갈등을 만들어냈다.

판타지에서 여성의 위치는 이렇게 필요하지만 보조적인 위치와 역할이다. 눈물을 자아내는 완벽한 희생자로서 그녀가 가장 잘하는 것은 고릴라나 미이라, 늑대인간이나 프랑켄슈타인의 품안에서 기절하는 것이다. 공포 또는 심한 고통으로 끊임없이 비명을 지르는 나약하고 가련한 인물인 그녀는 걸작뿐만 아니라 졸작에 이르는 모든 판타지 영화의 일부이며, 함께 짝을 이루는 새도-매조키즘의 주마등같이 변하는 광경을 즐긴다.

쫓기지 않거나 폭행당하지 않은 때, 여성은 단지 흥을 깨뜨리는 인물로 나타난다. 지킬과 프랑켄슈타인의 불행한 여자 친구들만 봐도 그렇다. 그들이 두 사람의 말을 무시하지 않았다면, 그런 모든 광기 어린 실험을 시도하지 못하도록 막는 데 성공했을 것이다, 이 판타지의 주요인물이 괴물로 설정되는 경우는 아주 드문데, 거기에는 분명한 이유가 있다. 여성의 아름다움을 추하게 만드는 데서 즐거움을 찾는다면 진짜 여성혐오증일 것이다. 그런데 허용된 여성 괴물에는 한 종류가 있다. 퓌그말리온의 전설은 여성을 추하게 만들지 않으면서도 여성의 선택을 창조된 것, 즉 하나의 창조물로서 신화적으로 정당화하고 있다. <메트로폴리스>에서 로봇 마리아는 그녀의 모델인 아름다운 소녀와 완벽한 쌍둥이이다. 그리고 <프랑켄슈타인의 신부>에서 프레토리어스 박사가 창조한 신부는 메두사처럼 공포를 일으키는 아름다움이 없지 않다. 더욱 미심쩍은 문제는 반인반수의 잡종 여자 괴물에 대한 처리이다. 여자 괴물의 종류는 <사라진 영혼들의 섬>에서 야수성 안에 여전히 여성성을 간직하고 있는 표범/여인 로타로부터, 존 길링의 <파충류>에서 화려한 메이크업의 훌륭한 전통에 따라 혐오감이 들도록 치장을 한 인물에 이르기까지 도처에 퍼져 있다.

— 유지나·변재란, 『페미니즘/영화/여성』

01 위 글에서 어려운 단어를 찾아보자.

· 우선 번역글이기 때문에 생소한 단어들이나 인물명이 등장한다. 이들에 대한 정보를 찾아보자.
  새디스트, 매조키스트, 멕거핀, 반 헬싱, 프랑켄슈타인, 지킬, 퓌그말리온 등등

**02** 위 글은 무엇을 대상으로 쓰여졌는가?

• 가장 먼저 글의 제목을 살펴본다.

• 제목과 글의 내용에서 거듭 반복되는 핵심어를 찾는다.

**03** '질문하기'의 방법을 활용하여 위 글의 대상의 특성을 확인해 보자.

· 우선 이 글의 대상이 무엇인지를 파악한다.

· 글에 담긴 정보를 가지고 질문지를 작성한다.

**04** 위 1 · 2 · 3의 질문들을 종합하여 주제문을 작성해 보자.

## 2. 내용 요약하기

 전략 익히기

글을 읽는다는 것은 읽은 글에 대한 하나의 총체적인 의미를 구성하는 것이다. 하나의 총체적인 의미를 구성하기 위해서는 읽은 글에 나와 있는 수많은 정보들의 가치를 판정하여 중요하지 않은 것은 버리고 비슷한 정보끼리 모으며, 중요도가 낮은 정보를 보다 중요한 정보에 귀속시켜 하나의 의미로 만들어 나가야 한다. 이를 쉽게 말하면 글을 잘 읽는다는 것은 글을 읽고 그 글의 내용을 파악하며 읽은 내용을 요약할 수 있어야 한다는 것이다. 그러기 위해서는 글을 하나의 커다란 줄거리를 가진 것으로 읽어야지 연결되지 않은 많은 문장으로 읽어서는 안 된다.

또한 글을 읽으면서는 항상 글쓴이의 목적을 생각하며 앞뒤 문장의 연결관계를 살펴야 하고, 글의 흐름에 따라 각 문단의 중심생각이 무엇인지, 문단과 문단이 어떤 논리적 관계에 따라 연결되어 있는지를 살피면서 읽어야 한다. 염두에 둘 것은 한 편의 글에서 모든 문장이 중요한 것이 아니라는 것이다. 한 편의 글을 이루고 있는 문장은 중요한 것과 중요하지 않은 문장으로 나누어진다. 따라서 글을 읽을 때는 반드시 중요한 것과 덜 중요한 것을 가려가면서 읽어야 하며, 그 둘 사이의 상관관계를 파악하여야 한다. 그런데 한 가지 주의할 것은 읽는 사람의 입장에서 중요하다고 생각되는 것을 찾는 것이 아니라, 글쓴이의 입장에서 중요한 것을 판단하여야 한다는 것이다.

읽고 있는 글의 화제 내에서 가장 중요한 문장을 핵심 문장이라고 한다. 핵심 문장을 찾고 나머지 문장과의 의미 관계를 파악하는 훈련은 읽기에서 가장 중요하다고 할 수 있다. 그 다음에 문단 나누기를 한다. 문장을 잘 살펴보면서 배경, 시간, 주제, 화제 등을 기준으로 문단을 나눠 각 문단의 요지를 파악하고, 문단의 핵심 문장 또는 핵심 단어를 찾아 문단 별로 제목을 달아 본다. 마지막으로 가장 중요한 핵심은 어디에 있으며, 글이 전하고자 하는 중심 생각은 무엇인가를 생각하여 본다. 또한 핵심 단어나 각 문단의 제목 또는 핵심 문장들을 연결하여 글 전체의 흐름을 이해한다. 이렇게 하면 글 전체의 총체적인 의미 관계를 파악하기 쉬우며, 글의 화제, 글의 주제, 글의 구조, 글의 성격, 글의 취지 등을 판단하고 그 글에 대하여 평가와 비평도 할 수 있다.

　일반적인 내용 요약의 규칙은 삭제, 선택, 일반화, 재구성으로, 이를 자기가 읽은 글에 잘 적용하는 능력을 가진 사람은 요약을 잘 할 수 있다. 내용 요약의 방법으로는 위계적 요약 방법과 다양한 도시(圖示) 방법이 있다. 이 단원에서는 내용 요약의 규칙과 내용 요약의 방법을 연습해 보기로 하자.

### 1) 내용 요약의 규칙 : 삭제, 선택, 일반화, 재구성

　글을 읽다 보면 중요한 문장과 그렇지 않은 문장이 있는 것을 알게 된다. 따라서 읽고 있는 글의 화제 내에서 가장 중요한 핵심 문장을 찾고 나머지 문장과의 의미 관계를 파악하는 훈련을 하게 되면 글을 요약하더라도 내용 자체는 줄어들지 않게 된다. 이런 활동을 압축 작업이라고 말하기도 한다. 내용을 요약할 때에는 덜 중요한 문장은 삭제하고 핵심 문장은 선택한다. 그리고 그 의미를 가능하면 짧게 요약하여 자신의 문장으로 표현하여 본다. 그리고 그것을 더욱 압축하여 한 마디로 만들어 본다.

　그러나 좀 더 긴 글을 요약하려고 하면 기억할 중요한 정보를 골라내는 것이 필요하다. 사람들은 기억할 것을 선택할 때 요약 진술을 만든다. 최근 요약하기 방법에 대해 브라운과 레이는 명쾌한 방법을 제시하였다. 그 요약 규칙은 다음과 같다.

① 사소하거나 불필요한 내용은 삭제한다.
② 중요한 내용이더라도 반복되는 내용은 삭제한다.
③ 항목의 목록들은 가능하면 상위어로 대치한다.
④ 행동의 하위 요소의 목록 대신 포괄적 행동으로 대치한다.
⑤ 주제문(topic sentence)의 선택 : 글 속에 주제문에 해당하는 내용이 있을 때는 이를 선택한다.
⑥ 마땅한 주제문이 글 속에 없을 때는 스스로 창출한다.

한편, 킨취와 반 다이크는 글의 의미 구조를 거시 구조 측면에서 접근하여 텍스트 처리의 심리적 과정, 즉, 독자의 텍스트 처리에 중점을 둔 요약 모델을 제시하고 있다. 그들의 거시적 요약 규칙은 다음과 같다.

① 삭제(deletion) : 연속되는 명제들 중에서 후속 명제의 해석에 직접적이지 않은 부수적인 속성들을 지시하는 명제들을 삭제한다.
② 일반화(generalization) : 연속되는 명제들은 그것들보다 상위의 개념으로 한정하는 명제로 대치될 수 있다.
③ 선택(selection) : 연속되는 명제들 중에서 또 다른 명제들에 의해서 지시되는 사실이나, 통상적인 조건들은 삭제될 수 있다.
④ 구성(construction) : 연속되는 명제들은 그 통상적인 조건이나 요소 결과들을 지시하는 하나의 명제로 대치될 수 있다.

요약하기 규칙을 익히는 데 다음과 같은 자기 점검 기록표를 이용하면 더욱 도움이 될 수 있다.

① 나는 그 단락 또는 여러 단락에 대한 일반적인 생각을 찾았는가?
② 나는 일반적인 생각에 대해 가장 중요한 정보를 찾았는가?
③ 나는 일반적인 생각에 대해 직접적이지 않은 어떤 정보를 사용했는가?
④ 나는 어떤 정보를 한 번 이상 사용했는가?

### (1) 압축하여 한 문장으로 만들기

예문
우리가 상상하는 미래의 기술 세계는 생각보다 훨씬 빠르게 다가온다. 첨단 기술의 놀라운 진화와 융합을 활용하는 능력이 미래의 유일한 경쟁력이 될 것이다. 열린 마음으로 기술의 미래를 내다볼 용기를 가진 자만이 미래의 비즈니스를 개척할 수 있다.

◨ 이 글은 빠르게 다가오는 미래의 기술 세계를 어떻게 받아들여야 하는가에 대하여 이야기 하고 있다. 따라서 마지막 문장을 앞의 두 문장을 포함할 수 있도록 고치면서 압축하면 한 문장으로 표현하기 쉬울 것이다. 다음과 같이 한 문장으로 요약하여 보았다.

> 열린 마음으로 첨단 기술 발전에 동참하면 새로운 비즈니스를 개척할 수 있다.

(2) 요약 규칙에 따라 삭제, 선택, 일반화, 재구성하기

예
문

냉전 시대는 패러다임 전쟁이었다. 이것은 세상을 해석하는 시각과 신념체제가 세계적으로 충돌하는 과정이었다. 소비에트의 패러다임은 냉전 시대 말기에 커다란 혼돈에 빠졌다. 그들은 변화를 헤쳐나갈 새로운 패러다임이 필요했지만 만들지 못했다. 변화에 대응하는 것은 제쳐 두더라도 미래를 제대로 예측하지도 못했다. 그들의 기계적인 세계관은 사회주의 경제체제의 붕괴를 초래했다. 패러다임이 더이상 작동할 수 없었기 때문에 끝장난 것이다.

· 삭제 : 냉전 시대는 패러다임 전쟁이었다. 이것은 세상을 해석하는 시각과 신념 체제가 세계적으로 충돌하는 과정이었다.
· 선택 : 소비에트의 패러다임은 냉전시대 말기에 커다란 혼돈에 빠졌다. 그들은 변화를 헤쳐 나갈 새로운 패러다임이 필요했지만 만들지 못했다. 변화에 대응하는 것은 제쳐 두더라도 미래를 제대로 예측하지도 못했다.(삭제) ➡ 새로운 패러다임이 필요
· 일반화 : 그들의 기계적인 세계관은 사회주의 경제체제의 붕괴를 초래했다.

패러다임이 더 이상 작동할 수 없었기 때문에 끝장난 것이다. ➡ 새로운 패러다임이 필요, 그렇지 못하면 망함

• 재구성 : 소비에트(소련)가 망한 이유는 시대의 변화에 대처하는 새로운 패러다임을 만들지 못했기 때문이다.

## 2) 내용 요약의 방법 : 위계적 요약, 도시(圖示)

내용을 요약하는 방법에는 크게 위계적 요약 방법과 도시(圖示) 방법이 있다. 위계적 요약 방법은 글을 단락으로 나누고 각 단락의 개요를 작성하여 종합하는 방법으로 요약하는 것이고, 도시(圖示) 방법은 그림이나 표 등을 이용하여 요약하는 방법으로 고공표 작성하기, 마인드 맵 작성하기, 도식(圖式) 방법 등이 있다.

### (1) 위계적 요약 방법

위계적 요약하기(hierarchical summarizing)는 교과서 3~4쪽 정도의 글에서 가장 중요한 생각(정보)을 반영하는 내용을 약 10~12개의 문장으로 요약하는 것을 말한다. 대부분의 글에는 제목이 붙어 있으며 단락에 따라 부제목이 제시되기도 한다. 글에 따라서는 그 단락 안의 세부 내용을 다시 소제목으로 정리할 수 있다. 이러한 글의 구조 유형을 따라서 각각의 부분에 대하여 개요를 작성해 나가게 되면 손쉽게 글의 내용을 요약할 수 있다. 이러한 것을 위계적 요약 절차라고 하는데, 이러한 방법을 사용하면 글을 읽는 동안에 기억하는 양이 늘 뿐 아니라 요약문의 질도 향상될 수 있다.

위계적 요약은 5단계의 절차를 거쳐 이루어진다.

| ① 미리 보기 | 제시된 글을 미리 보고 부제목에 의해 지시된 단락들에 대한 대략적인 개요표를 숫자와 문자를 이용해서 만든다. |
|---|---|
| ② 읽기 | 단락들을 읽어 나가면서 그 단락에 대한 개요를 채운다. |
| ③ 개요 작성하기 | 각각의 단락에 대해서, 자신의 말로 중심 생각을 쓴다. 그 다음에 뒷받침되는 상세한 사항들을 채운다. 중요한 단락의 마지막 부분에서, 자신의 말로 그 단락의 중심 생각을 쓰고, 왼쪽 가장자리에는 중요한 구로 하위절을 요약한다. |
| ④ 공부하기 | 읽고 난 후, 자신이 쓴 위계적인 요약(hierarchical summaries)을 검토한다. |
| ⑤ 다시 말하기 | 끝으로, 다른 사람과 짝을 지어서 독서 과제에서 그들이 배운 것을 구두로 재진술한다. |

이 절차는 협동적 요약하기에도 적용할 수 있다. 협동적 요약하기는 여럿이서 글을 한 부분씩 돌아가며 읽으면서 위계적 요약을 작성하는 것이다. 작성된 요약을 다른 그룹의 것과 비교하여 제안된 것 중에서 선택하거나 결합시키는 방법으로 위계적 요약을 완성시켜 나간다.

**예문**

　앞으로 인간의 기능을 흉내내는 데 초점을 둔 기초 연구가 각광받을 것이다. 뛰어난 시각·청각·후각을 제공하는 센서는 미래 로봇의 눈·귀·코가 될 것이다.

　사이라노라는 기업은 의약, 국방, 가정, 와 등 다양한 용도로 쓸 수 있는 후각 센서를 칩 하나로 통합하기 위해 냄새의 본질에 대해 연구하고 있다. 캘리포니아 공대에 투입된 사이라노 연구원들은 냄새를 디지털화하여, 디지털 코드로 해석하고 전송하는 기술을 연구하고 있다. 이 디지털 후각 장치는 유독성 폐기물을 탐지하는 것에서 지뢰를 탐색하는 데 이르기까지 용도가 무궁무진하다. 이 기술은 후각 기관이 손상된 사람에게 희망을 가져다 줄 것이다.

　만약 이런 기술을 시각, 청각, 심지어 동작에까지 적용한다면 21세기에는 수백 가지의 새로운 직업과 사업이 등장할 것이다. 따라서 인간의 감각이나 행동을 인공으로 합성하는 기술은 제품과 서비스에서 깜짝 놀랄 만큼 새로운 기회를 창출할 것이다.

― 이인식 『NANO : 나노 기술이 미래를 바꾼다』

제 1 문단 : 인간의 기능을 흉내내는 연구가 활발히 진행되고 있다.

제 2 문단 : 사이라노라는 회사에서는 후각 센서의 개발을 연구하고 있는데, 그 응용 분야가 굉장히 많을 것이다.

제 3 문단 : 감각의 디지털화 기술이 새로운 산업이 될 것이다.

요약 : 인간의 기능을 흉내 내는 연구가 활발히 진행되고 있다. 사이라노라는 회사에서는 후각 센서의 개발을 연구하고 있는데, 그의 응용 분야가 굉장히 많을 것이다. 이와 같이 감각의 디지털화 기술이 새로운 산업이 될 것이다.

(2) **고공표 작성하기**

위계적 요약 방법을 사용하면 읽기를 통하여 지식을 습득할 수 있을 뿐만 아니라 그 내용이 어떤 의미와 맥락을 갖는가를 전체적으로 조망하기 쉬워진다. 이렇게 높은 곳에서 전체를 조망하듯이 위계적 요약 절차에 따라 각 정보의 핵심 요소를 엮어 글 전체의 구조를 볼 수 있도록 요약하는 방법이 고공표 작성하기이다. 사람마다 고공표를 만드는 방법은 다를 수가 있다. 네모난 표로 만들 수도 있고 그림으로 표현할 수도 있으며, 중심 아이디어를 가운데다 놓고 가지치기를 해가며 밖으로 뻗어 나가는 형태로 그리는 방법도 있다. 고공표를 작성함으로써 전체를 요약한 후에, 고공표 안에 있는 자료들 간의 전체적인 연결관계를 살핌으로써 개념 간의 상호관계를 엮어 보면 기억을 향상시키는 데 도움이 된다. 전체를 이루고 있는 각 부분은 서로 유기적인 관계로 연결되어 있는데 그 연결고리를 찾아내는 것이다. 이를 위하여 반복-강조, 비교-대조, 시간 순서, 원인 결과 등의 관계에 유의한다.

다음은 원활한 의사소통에 관련된 책을 요약하여 고공표로 만든 것이다. 이런 방법으로 책 한 권을 한 장으로 요약할 수 있다.

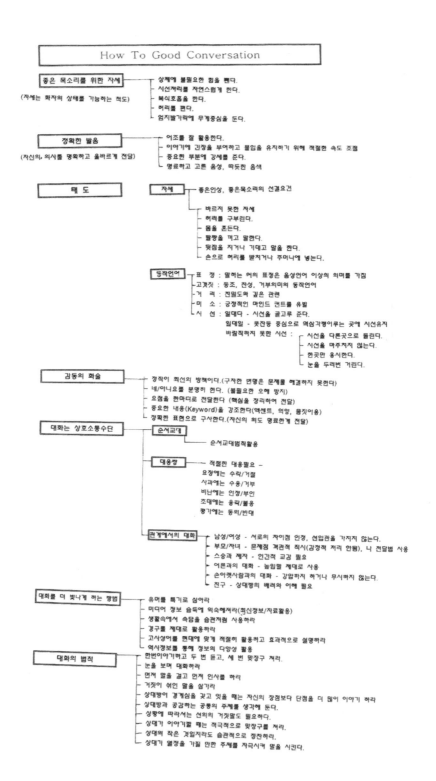

How To Good Conversation

**좋은 목소리를 위한 자세**
(자세는 화자의 상태를 가늠하는 척도)
- 상체에 불필요한 힘을 뺀다.
- 시선처리를 자연스럽게 한다.
- 복식호흡을 한다.
- 허리를 편다.
- 엄지발가락에 무게중심을 둔다.

**정확한 발음**
(자신의 의사를 명확하고 올바르게 전달)
- 어조를 잘 활용한다.
- 이야기에 긴장을 부여하고 몰입을 유지하기 위해 적절한 속도 조절
- 중요한 부분에 강세를 준다.
- 명료하고 고른 음성, 따뜻한 음색

**태도**
- 자세 ─ 좋은인상, 좋은목소리의 선결요건
  - 바르지 못한 자세
  - 허리를 구부린다.
  - 몸을 흔든다.
  - 팔짱을 끼고 말한다.
  - 뒷짐을 지거나 기대고 말을 한다.
  - 손으로 허리를 받치거나 주머니에 넣는다.
- 동작언어
  - 표 정 : 말하는 이의 표정은 음성언어 이상의 의미를 가짐
  - 고갯짓 : 동조, 찬성, 거부의미의 동작언어
  - 거 리 : 친밀도와 깊은 관련
  - 미 소 : 긍정적인 마인드 컨트롤 유발
  - 시 선 : 일대다 - 시선을 골고루 준다.
    - 일대일 - 콧잔등 중심으로 역삼각형이루는 곳에 시선유지
    - 바람직하지 못한 시선 :
      - 시선을 다른곳으로 돌린다.
      - 시선을 마주치지 않는다.
      - 한곳만 응시한다.
      - 눈을 두리번 거린다.

**감동의 화술**
- 정직이 최선의 방책이다.(구차한 변명은 문제를 해결하지 못한다)
- 네/아니요를 분명히 한다. (불필요한 오해 방지)
- 요점을 한마디로 전달한다 (핵심을 정리하여 전달)
- 중요한 내용(Keyword)을 강조한다(액센트, 억양, 몸짓이용)
- 정확한 표현으로 구사한다.(자신의 의도 명료하게 전달)

**대화는 상호소통수단**
- 순서교대
  - 순서교대법칙활용
- 대응쌍
  - 적절한 대응필요 –
  - 요청에는 수락/거절
  - 사과에는 수용/거부
  - 비난에는 인정/부인
  - 초대에는 응락/불응
  - 평가에는 동의/반대
- 관계에서의 대화
  - 남성/여성 - 서로의 차이점 인정, 선입권을 가지지 않는다.
  - 부모/자녀 - 문제점 객관적 직시(감정적 처리 안됨), 나 전달법 사용
  - 스승과 제자 - 인간적 교감 필요
  - 어른과의 대화 - 높임말 제대로 사용
  - 손아랫사람과의 대화 - 강압하지 하거나 무시하지 않는다.
  - 친구 - 상대방의 배려와 이해 필요

**대화를 더 빛나게 하는 방법**
- 유머를 무기로 삼아라
- 미디어 정보 습득에 익숙해져라(최신정보/자료활용)
- 생활속에서 속담을 습관처럼 사용하라
- 경구를 제대로 활용하라
- 고사성어를 현대에 맞게 적절히 활용하고 효과적으로 설명하라
- 역사정보를 통해 정보의 다양성 활용

**대화의 법칙**
- 한번이야기하고 두 번 듣고, 세 번 맞장구 쳐라.
- 눈을 보며 대화하라
- 먼저 말을 걸고 먼저 인사를 하라
- 거짓이 섞인 말을 삼가라
- 상대방이 경계심을 갖고 있을 때는 자신의 장점보다 단점을 더 많이 이야기 하라
- 상대방과 공감하는 공통의 주제를 생각에 둔다.
- 상황에 따라서는 선의의 거짓말도 필요하다.
- 상대가 이야기할 때는 적극적으로 맞장구를 쳐라
- 상대의 작은 것일지라도 습관적으로 칭찬하라.
- 상대가 열정을 가질 만한 주제를 자극시켜 말을 시킨다.

놀이가 무엇인지를 분명히 하기 위해 놀이와 노동을 구분해 보자. 호이징하는 문화란 본질적으로 놀이라고 정의한다. 호이징하에게는 모든 문화가 놀이다. 우리가 놀이를 인정함으로써 '정신'을 인정하게 된다고 주장하는데, 그 이유는 어떤 종류의 놀이도 물질이 아니기 때문이라는 것이다. 그럼 호이징하가 말하는 놀이의 본성은 무엇인가? 그에게는 재미가 놀이의 본질에 가장 중요한 요소다. 그리고 자유라는 것이 놀이의 형식적 특징에서 중요한 구실을 한다.

놀이의 본질을 규정하는 요소를 재미와 자발성이라고 해도 무난할 것이다. 사전을 보면 노동이란 '육체나 정신의 힘을 들여 생산 활동을 하는 일'이라고 하고, 또한 일이란 '무엇을 만들거나 이루기 위해서 생각하고 몸을 움직여야 하는 인간의 활동'이며, 놀이는 '즐겁게 노는 짓'이라고 한다. 이 정의에 따르면 일과 노동은 별 차이가 없다. 그리고 놀이는 일이나 노동이 될 수 없어 보인다. 왜냐하면 노동이나 일이 즐겁게 노는 짓이 되기는 어렵기 때문이다. 즉 노동이나 일은 노는 짓과는 달리 생산 활동을 하거나 무엇을 이루기 위한 인간의 활동이기 때문이다.

사실, 이런 사고방식은 일반적이다. '열심히 일한 당신, 떠나라!'라는 광고 문구에서도 볼 수 있듯이, 우리는 일을 하고 나서야 놀 수 있다고 여긴다. 하지만 호이징하의 놀이 정의에 따르면 일이나 노동도 놀이가 될 수 있다. 왜냐하면 놀이의 본질은 재미와 자발성에 있으므로 일이나 노동에 재미와 자발성이 있다면 놀이에 속할 수 있기 때문이다. 즉 생산 활동을 위해 공장에서 일하지만 그 일에서 재미를 느끼고, 강요에 의하지 않고 자발적으로 일한다면 그 일이 놀이가 될 수 있다. 일이란 용어는 노동에 가깝고 놀이와는 거리가 멀어 보이지만 앞의 규정을 따르면 일과 놀이, 노동과 놀이는 양립 가능한 개념들이다.

— 탁석산, 『철학 읽어주는 남자』

위의 글을 고공표로 작성하여 요약하면 다음과 같다

| 문단 | 개요 | 상세 내용 |
|------|------|-----------|
| 놀이가~<br>구실을 한다. | 놀이의 본성 | **호이징하** : 문화=놀이<br>놀이의 인정은 정신의 인정이지 물질의 인정이 아님<br>놀이의 본질은 재미 |
| 놀이의<br>본질은<br>~때문이다. | 놀이와 노동의 차이 | **놀이의 본질을 규정하는 요소** : 재미와 자발성<br>**노동** : 육체나 정신의 힘을 들여 생산 활동을 하는 일<br>**일** : 무엇을 만들거나 이루기 위해서 생각하고 몸을 움직여야 하는 인간의 활동<br>**놀이** : 즐겁게 노는 짓<br>노동이나 일은 즐겁게 노는 짓이 되기는 어렵기 때문에 놀이는 일이나 노동이 될 수 없다. |
| 사실~<br>개념들이다. | 노동도 재미와 자발성이 있으면 놀이가 될 수 있다. | 호이징하의 놀이 정의에 따르면 일이나 노동도 재미와 자발성이 있다면 놀이가 될 수 있다. 즉, 일과 놀이, 노동과 놀이는 양립 가능한 개념들이다. |

### (3) 지도 작성하기(mapping)[마인드 맵 작성하기]

지도 작성하기는 글쓰기가 덜 관여하기에 고공표로 작성하는 데 시간도 덜 걸리고 표제가 없는 글에 대해서도 작성할 수 있어 글을 요약하는 데 효과적이다.

다음은 앞에서 보여준 원활한 의사소통에 관련된 책을 요약하여 마인드 맵으로 만든 것이다. 이런 방법으로도 책 한 권을 한 장으로 요약할 수 있다.

지도 작성하기(mapping)[마인드 맵 작성하기]의 절차는 다음과 같다.

① 교과서에 있는 3~4쪽 정도의 글을 읽는다.
② 윗부분과 아랫부분의 사이에 있는 빈 공간에 글의 제목을 적는다.
③ 주요 토픽을 고르기 위해 대충 읽는다.

④ 번호를 매기고, 주요 토픽들은 가운데 상자를 중심으로 시계 방향으로 배치한다.

⑤ 각 토픽을 뒷받침하는 중요한 세부 사항을 2~4개 정도 고르기 위해 다시 대충 읽는다.

⑥ 이들 세부 사항들은 (쓰는 양을 줄이기 위해) 문장 대신 구의 형태로 적는다.

⑦ 각 토픽과 중요한 세부 사항들 주변에 상자를 그린다.

⑧ 각 토픽과 그 밑의 정보를 읽는다.

⑨ 정보를 자신에게 말하고, 기억했는지 회상해 본다.

⑩ 교과서를 읽고, 지도에서 작성한 것 중 기억할 수 있는 모든 것을 짝과 서로 교대로 말해 본다.

다음은 어떤 학생이 『나를 변화시키는 좋은 습관』이라는 책을 읽고 요약한 것이다.

1. 생각을 바꾸면 세상이 바뀐다

: 최선을 다했다면 실패를 두려워해서는 안 된다. 왜냐하면 실패는 성공의 뒷면이므로 실패를 거듭할수록 성공할 확률이 더 높아지기 때문이다. 생각은 행동의 기본 단계이며 성공의 씨앗을 가슴에 품으면 그 사람은 이미 반은 성공한 것인 것이다.

2. 상상만 하는 사람, 상상을 현실화 하는 사람

: 성공하는 사람은 허황된 꿈을 꾸지 않는다. 상상을 현실화 하는 사람으로 사는 방법. 그것은 이미 우리의 마음 가운데 들어 있다. 마음이라는 것은 무궁무진한 비밀의 창고이다. 이 속에서 무엇을 끄집어낼지 그것은 우리의 몫인 것이다.

3. 신념에 동기를 부여하라

: 성공을 하기 위해 필요한 또 하나의 요소. 그것은 바로 신념이라는 것일 것이다. 신념이라는 것은 성공으로 가는 훌륭한 가이드이다. 즉 성공을 하고 싶다면 성공하고 싶다는 신념을 가지는 것이다. 그리고 그 신념이라는 것에 동기를 부여하여라. 그러면 신념과 동기가 서로 맞물려서 튼튼한 하나의 장벽을 구축할 것이다.

4. 일찍 시작하는 사람이 일찍 성공한다

: 성공에 대한 완벽한 프로젝트를 지니고 있더라도 그것을 시작하지 않고 단순히 지니고만 있으면 그것은 성공할 수 없는 것이다. 일본 속담 중에 "꿈틀거려야 뱀이다"라는 속담이 있다. 뱀이 맹독을 지니고 있더라도 움직이지 않는다면 그것은 뱀이 아닌 것이 되는 것이다. 성공할 이유가 있다면 지금부터 성공을 위한 첫걸음을 옮겨보라고 권하고 싶다. 그리고 구체적인 행동으로 표현을 해야 할 것이다. 만약 잠시 머무

르고 있다면 당신의 인생의 경쟁자들은 이미 저 멀리 앞서가고 있을 것이라는 것을 생각하고 있어야 한다.

### 5. 목표는 매주, 매월마다 수정하라

: 성공을 위한 플랜을 짤 때는 단기, 중기, 장기를 세분화하여서 목표를 짜는 것이 좋다. 그리고 꾸준한 목표를 향해 꾸준히 걸어가야 한다. 또한 목표를 매주 확인하고 점검하며, 변동사항이 생겼을 시에는 체크해 둔다. 그리고 매일 아침마다 세워 놓은 계획을 확인하게 되면 그것을 이루기 위해 최선을 다하는 하루를 살 것이다.

### 6. 시간은 모두에게 공평하게 주어진 것이 아니다

: 하루는 24시간이다. 그러나 이 24시간이 사람에게 모두 똑같이 주어지는 것이 아니다. 사람마다 이 24시간이 다르게 주어지는 것이다. 이 말은 시간 관리의 중요성을 나타내는 것이다. 즉 일에 대한 열정을 가지면 놀라운 집중력을 발휘할 수 있는데, 이러한 열정을 통해서 하루 24시간을 더 짧게 느낄 수 있는 것이다. 자신이 무언가 꿈을 가지고 그 일에 대한 열정을 가지고 있다면 하루 24시간이 달라 보일 것이다.

### 7. 초기 자금을 마련하라

: 성공을 위해서 필요한 것 중 하나. 그것은 아마도 초기 자금일 것이다. 무언가를 하기 위해서는 자금이 필요하기 마련. 자신이 짧은 시간 내에 자금을 모으고 싶다면 돈 쓰는 습관을 송두리째 바꾸어야 한다.

### 8. 미래를 향해서 전진하라

: 성공. 이것은 음식처럼 가만히 기다리고 있으면 오는 것이 아니다. 성공이라는 것을 가슴에 품고 앞을 향해 가지 않으면 이뤄질 수 없는 것이다.

가만히 앉아서 기다리는 사람은 절대로 꽃을 피울 수 없으며 미래에 대해서 투자하지 않는 사람은 반드시 도태된다. 마음의 여유를 가지고 미래를 향해 끊임없이 투자하고 현재의 불안함을 이겨내고 미래를 향해 투자한다면 그 사람은 성공할 것이다.

9. 심리적인 장애물을 뛰어넘어라

: 성공을 향해 길을 떠나기 전에 먼저 심리적 장애물부터 제거해야 한다. 자신에게 성공을 위한 좋은 조건이 갖춰져 있는데도 불구하고 주저하고 있는 사람들을 볼 수 있다. 그런 사람들은 심리적인 장애물에 가로막혀 있는 것이다. 이러한 것들을 이기기 위해서는 자기 자신이 매일 일정 시간을 정해서 명상을 하거나 그 심리적 장애의 원인을 재빨리 발견할 수 있다면 당신은 이러한 것들을 이기고 성공할 수 있는 것이다.

10. 긍정적인 사고방식을 지녀라

: 성공하는 사람의 가장 큰 공통점은 긍정적인 사고방식을 지니고 있다는 점이다. 긍정적인 사고방식은 성공을 위해서 그리고 크게는 자신의 삶을 위해 매우 중요하다. 어떤 일을 함에 있어서 긍정적인 생각을 하고 있으면 미래를 향해 거침없이 달려 갈 수 있다. 그리고 그런 사람들은 고위계층으로 성장하기 힘들다. 그리고 긍정적인 사고방식은 당신을 더 높은 곳으로 더 넓은 곳으로 안내할 것이다.

이 글을 지도 작성하기로 정리하면 다음과 같다.

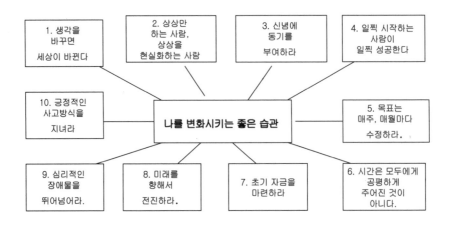

## (4) 도식하기

도식하기는 상위 정보와 하위 정보 간의 관계성을 단서화(cuing)하는 시각적 장치를 만드는 행위이다. 즉 도식하기는 중요한 정보와 덜 중요한 정보들을 구별하기 위해 글의 내용을 시각화하는 방법이다. 도식하기는 오스벨(Ausubel)의 선행 조직자 개념과 밀접한 관련이 있으며, 최소한의 단어를 유지하면서 정보를 위계순으로 배열함으로써 시각화된다.

그러므로 전체와 관련 부분들 모두를 보는 형태로 제시되기 때문에, 즉시적 이해와 쉬운 파지에 영향을 주게 된다. 교과서에서 흔히 발견되는 조직 구조는 단순 목록화(simple listing), 시간 순서화(time ordering), 비교/대조, 원인/결과 등인데, 알버만(Alvermann)은 이러한 교재의 조직 구조를 표상하기 위해 직선, 화살표를 사용하여 정보의 위계 순서화를 위한 도식 조직자를 구성하였다. 그는 교과서 자료의 중심 내용 이해를 돕기 위하여 사용을 추천했지만 요약하기와도 상당한 관련이 있다. 도식 조직자에게는 3가지 다른 유형의 도식 조직자로 재구조화 조직자, 뒤돌아보기 조직자, 조직자 + 요약하기 등이 있으며, 확장된 조직자에는 수업 조직자와 주제 조직자가 있다.

빈 칸 메우기 도식하기에서는 교과서 자료 글을 읽기 전에 부분적으로 완성된 이러한 조직자를 먼저 보고 나서, 읽기 중에 또는 읽은 후 빠진 정보를 채운다. 이러한 빈 칸 메우기 도식 조직자는 덜 숙련된 독자에게 특별한 동기 유발을 시킬 수 있고, 읽은 것에 대한 회상을 증진시키는 데 효과가 있다.

나노란 원래 $10^{-9}$ 단위를 얘기하는 말이다. 우리가 사용하는 도량형은 $10^3$ 즉 1,000배 단위로 고유명사가 붙는다. $10^3$은 킬로(K), $10^6$은 메가(M), $10^9$은 기가(G), $10^{12}$은 테라(T)다. 컴퓨터가 보편화되면서 램이나 하드 디스크의 용량을 나타내는 단위들로 더 익숙해진 용어들이기도 하다. 반대로 소수점 아래로 세 자리씩 내려갈 때도 고유 단위가 붙는다. $10^{-3}$은 밀리(m), $10^{-6}$은 마이크로(μ), $10^{-9}$은 나노(n), $10^{-12}$은 피코(p)라는 단위를 쓴다. 바로 여기서 나노가 등장하며, 1나노미터는 1m의 10억분의 1을 가리킨다.

이렇게 상상하기 힘든 극소량의 단위가 어느덧 나노 테크놀로지란 모습으로 우리 곁에 다가와 있다. 하지만 나노 테크놀로지는 단지 극소형의 사이즈만을 연구하는 것이 아니다. 나노테크는 분자나 원자 수준의 물질을 만들고 제어하는 기술과 원자나 분자들을 적절히 배합·결합시켜 기존 물질의 변형이나 개조, 신물질 창출을 가능하게 하는 기술을 통틀어 말한다.

쇠붙이를 금으로 변화시키려는 고대 연금술사들의 노력을 상상해 보라. 그리고 나노테크가 21세기에 더 극적이며 더 많은 이득을 가져온다는 것을 생각해 보라. 재료과학, 화학, 컴퓨터공학, 물리학에 기반을 둔 나노테크는 모든 디지털 기술이 모이는 정점이 될 것이다. 지금 나노테크의 지지자들이 예언하는 여러 형태의 개가가 예정대로 나타나지 않더라도, 이 가장 강력한 파워툴은 새 천년에 지대한 영향을 가져올 것이다. 작은 조립공과 기계로 무한히 작고 보이지 않는 세상을 만드는 기술은 현실에 대한 개념을 변화시키고 미래의 사업을 완전히 새로운 방향으로 나아가게 할 것이다. 고대 연금술이 현대 화학과 물리로 진보했듯이, 나노테크도 다음 단계의 기술로 멋지게 나아갈 것이다.

나노테크의 궁극적인 단계는 얼마나 복잡하든 크기가 어떻든 간에, 말 그대로 어떤 것이든 창조해 내는 메커니즘을 제공하는 것이다. 하지만 이 역시 나노테크에 대한 설명 가운데 하나일 뿐이다. 나노테크는 이전에 가능할 것이라고 생각조차 못했던 새로운 분자나 물질을 만들어 내는 기술이다. 그것이 얼마나 중요한지 말로는 충분히 설명할 수 없을 정도다. 나노테크는 기술적으로 사소한 진보도 아니고, 최신 과학 이론의 어정쩡한 분파도 아니다. 나노테크는 초기 인류가 도구를 처음 발명하고 진보시킨 것만큼 중요하고 기념비적인 기술이다. 이 파워툴을 그만한 가치만큼 활용하지 못한다면, 인류는 아마 지구에서 생명을 유지하는 데 필요한 대부분의 것을 얻지 못하게 될지도 모른다. 2025년께가 되면 세계 인구는 거의 3배로 늘어날 것이다. 음식이나 주거지 같은 자원은 물론 보건의료나 교육처럼 필수적인 서비스도 현재 수준으로는 인구 증가를 따라갈 수가 없다. 첨단 기술만이 인류가 필요한 것을 구해 줄 수 있다는 희망을 갖고 있는 것이다. 따라서 나노테크라는 훌륭한 파워툴을 손에 쥐려면 모든 산업의 지도자들이 최신 연구와 그에 따르는 계획의 타당성을 인식해야 한다.

나노테크는 세상을 바꾸는 급작스런 단일 사건으로 끝나지는 않을 것이다. 나노테크의 효과는 정보 기술, 생명공학 등 첨단 기술 분야뿐만 아니라 전통 산업에서도 기능성 나노 신소재 개발을 통해 지대한 영향을 미치게 될 것이다. 예를 들어 자동차, 항공기 등 운송 산업에서는 연료 절감을 위해 부품들의 경량화와 동시에 안정성을 위한 기계적 강도의 우수성을 요구하고 있다. 이를 위해 최근 나노 복합 소재가 개발되어 응용되고 있다. 이 소재는 나노미터 두께의 세라믹과 고분자가 층상 구조를 이루고 있는 물질로 기존의 금속 재료보다 기계적 강도는 좋지만 무게는 가벼운 특성을 보인다. 일본의 도요타 자동차는 최근 기존의 자동차 연료 탱크보다 무게는 1/3정도 가벼우면서 충격에 10배 이상 강한 연료 탱크를 개발하였는데, 이 연료 탱크가 바로 나노 복합 소재를 이용한 것이다. 그렇게 되기 위해서는 몇 가지 문턱을 넘어야 한다. 이렇듯 나노테크의 영향은 서로 관련된 기술과 공정이 함께 뒤얽혀 나타날 것이다. 첫 번째는 나노테크가 과연 가능한가에 대해 분명한 비전을 갖는 것이다. 다음은 음식, 에너지, 철, 물 같은 물질을 제조하기 위해 원자나 분자를 배열하는데 필요한 나노 도구를 만드는 것이다. 나노테크는 궁극적으로 화학 도구상자다.

— 이은희, 『과학 읽어주는 여자』

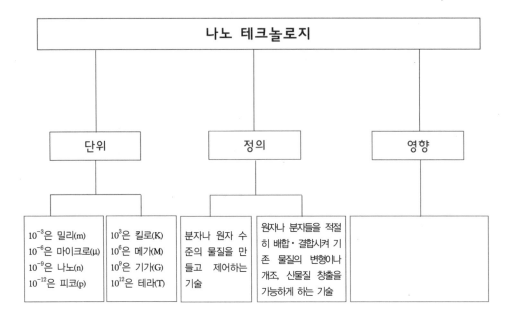

나노 테크놀로지

| 단위 | 정의 | 영향 |

단위:
$10^{-3}$은 밀리(m)
$10^{-6}$은 마이크로(μ)
$10^{-9}$은 나노(n)
$10^{-12}$은 피코(p)

$10^{3}$은 킬로(K)
$10^{6}$은 메가(M)
$10^{9}$은 기가(G)
$10^{12}$은 테라(T)

정의:
분자나 원자 수준의 물질을 만들고 제어하는 기술

원자나 분자들을 적절히 배합·결합시켜 기존 물질의 변형이나 개조, 신물질 창출을 가능하게 하는 기술 다음 예문을 요약 규칙에 따라 삭제, 선택, 일반화, 재구성하여 요약하여 보자.

인쇄술은 부유한 귀족을 위해 독점적인 출판 사업을 벌이던 성직자들의 독점권을 빼앗았다. TV는 라디오를 잠식했다. 기차는 트럭에 시장을 양보했다. 무선전화는 곧 유선전화를 쓸모없게 만들 것이다. TV, 전화, 인터넷은 새로운 무언가와 합쳐질 것이며, 쌍방향 미디어가 엔터테인먼트 분야를 잠식할 것이다. 경제를 변화시키는 전략적인 기술에 따라 수요와 공급이 달라질 것이다. 우리는 인터넷과 같은 새로운 기술이 시장과 경제를 더없이 빠른 속도로 재편하게 될 시대에 들어서고 있다. 새로운 사업 모델로 등장한 네트워크는 전통적인 사업을 향해 새로운 환경에 적응할 것인지 사장될 것인지 선택할 것을 강요하고 있다.

— 제임스 캔턴 『테크노 퓨처』

다음 예문을 위계적 요약 방법으로 요약하여 보자

교육은 지난 몇 세대 동안 형태와 방식에서 바뀐 것이 거의 없다. 학습 방법의 거의 대부분은 교사나 책에서 학생에게 흘러가는 정보의 일방통행이었다. 정보에 접근하는 방식이 크게 바뀌었는데도 교육에 있어서 정보의 전달은 느리고 부족하거나 잘못된 경우가 많았다.

교과서는 보통 집필하는 데 1~3년이 걸리고, 출판하는 데 또 1~2년이 걸린다. 과학과 의학과 공학의 발전은 전문 잡지도 따라잡기 어려울 정도로 빠르다. 지식이 이렇게 빠르게 급증하고, 인터넷과 컴퓨터 같은 새로운 기술이 등장하면서 교육에 대해 다시 생각해 볼 필요가 생긴 것이다.

언제 어디서나 필요한 내용을 곧바로 제공하는 평생 가상교육은 미래의 진보를 이끌면서 기업의 시장점유율과 생존을 좌우하는 엔진이 될 것이다. 인터넷은 관련 기술을 결합하여 만든 교육 시스템의 중추다. 교육은 대학에서 끝나는 것이 아니라 일생동안 끊임없이 계속되는 학습으로 다양한 기회를 창출할 것이다.

전 세계적인 교육 시스템을 만들기 위해 앞으로 10년간 수십억 달러가 투자될 것이다. 모든 산업과 세계 시장 구석구석에서 가상교육은 가장 핵심적인 임무 지향 전략이 될 것이다. 생명공학, 유전자 복제, 무선통신, 로봇공학, 우주탐사, 우주개척, 인공생명, 해양농업, 인공지능, 인조두뇌 등의 분야에서 가상교육이 첨단 기술을 널리 퍼뜨리면서 다양한 새로운 직업이 등장할 것이다. 지금은 이런 직업이 이상하게 보일 것이다. 그러나 불과 몇 년 전만 해도 인터넷 지오시티 같은 온라인 공동체를 만들 것이라고 몇 명이나 예상했던가? 또 인간 유전자를 복제하고 유전자 지도를 만드는 것에 대해 비웃지 않았던가? 가상교육은 빠르게 변하는 환경에 적응할 수 있는 유일한 방법이다.

— 제임스 캔턴 『테크노 퓨처』

_____

_____

_____

_____

_____

_____

_____

### 실전연습 3

다음 예문을 위계적 요약 방법으로 요약하여 보자

전 세계에서 매일매일 제품이나 서비스에 대한 주문이 수백만 건이
나 들어오는 온라인 사업을 상상해 보라. 혁신이 경쟁 우위를 갖는 유
일한 방법이 되면서 온라인 사업 모델은 시시각각 번창하고 변화한다.
모든 사람이 세계 어디서나 사고팔 수 있는, 곧 원하는 것을 모두 갖춘
디지털 세상으로 들어갈 수 있는 주문형 전자 장터를 상상해 보라. 모
든 비즈니스는 e-비즈니스가 되었고, e-비즈니스가 아니면 살아남을 수
없는 미래가 될 것이다.

만약 백 년 전에 태어난 사람들에게 e-비즈니스가 어떤 것인지에 대
해 설명하려 했다면, 그들은 우리를 정신병원에서 탈출한 사람으로 생
각했을 것이다. 마찬가지로 미래에 e-비즈니스의 이점을 누리지 못한다
면 얼빠진 사람으로 보일 것이다. 인터넷은 비즈니스의 모든 원칙을 바
꿀 것이다. 수요와 공급을 다시 조정하라. 가격을 새로운 방법으로 책정
하고, 새로운 경쟁자들을 파악하라. 이것은 완전히 새로운 게임이어서,

많은 사람들이 어떻게 해야할지 알지 못하고 있다. 이것은 불리한 점이다. e-비즈니스는 현재 유아 단계지만 그 효과는 21세기 초에 나타날 것이다. 그때까지 e-비즈니스로 바꾸고 수용하는 사람들은 시장 구조 조정의 폭풍과 혼란을 견디고 이겨 나갈 수 있을 것이다. 이것이 비즈니스에 대한 패러다임의 전환이다. 이제 모든 비즈니스는 e-비즈니스인 것이다.

첨단 기술이 가져올 위대한 변화를 가장 잘 보여주는 무대는 e-비즈니스로, 컴퓨터와 네트워크라는 파워툴 없이는 불가능하다. 이 파워툴은 적어도 백 년 이상 변하지 않은 방식을 바꾸어 나갈 것이다. TV의 등장은 고전적인 마케팅에 상당한 영향을 미쳤지만, e-비즈니스에 비하면 아무것도 아니다. e-비즈니스는 완전히 새로운 모델로서 인간의 의식, 경제, 기술이 사이버 공간에서 모두 결합하는 포괄적이고 전일적인 혁명이다.

— 제임스 캔턴 『테크노 퓨처』

아래 글을 읽고 지시에 따라 글의 내용을 요약해 보자.

　　세계에서 가장 오래된 목판 인쇄물인 우리의 『무구정광대다라니경』이 당나라에서 제작되어 신라로 넘어간 것이라고 억지 부리는 중국학자들도 감히 자기들 것이라고 주장하지 못하는 것이 있다. 바로 현존하는 세계(最古)의 금속 활자 인쇄본 서적인 『백운화상초록불조직지심체요절』이다. 인쇄된 연도와 장소가 적혀 있지 않은 『다라니경』에 비해서 『직지심체요절』에는 "청주 교외의 흥덕사에서 인쇄했다"는 기록이 책 끝 부분에 분명하게 씌어 있어, 한국에서 제작된 것이라면 모두 자기들이 만들어 하사한 것이라고 주장하는 중국학자들도 억지를 부리기가 힘들다. 고구려 고분의 별자리 천문 벽화가 중국에 빼앗길 위기에 처해 있고, 다라니경과 측우기를 이미 중국에 빼앗겨 버린 처지에 비하면 차라리 다행스럽게 여겨야 할 판이다.

　　『직지심체요절』이 세상에 알려져 큰 주목을 받은 때는 불과 30여 년 전이다. 1972년 '세계 도서의 해'를 기념하기 위해 프랑스 파리에서 열린 도서 전시회에 프랑스 국립도서관에 오래도록 소장되어 있던 『직지심체요절』이 출품되면서 처음으로 학계와 일반인들에게 알려졌다. 그런데 사실 서지학자와 역사학자들은 『직지심체요절』을 이미 오래전부터 알고 있었다. 모리스 쿠랑(Maurice Courant)의 유명한 『한국서지(Bibliographie Coreenne)』(1894~96)의 부록(1901)에 금속 활자본 서적으로 소개되어 있었기 때문이다. 즉, 쿠랑에 의해서 조선에 남아 있는 금속 활자본 서적이라는 정보가 알려진 후 80년 가까운 시간이 흐른 뒤에야 비로소 세상의 빛을 본 셈이다. 『직지심체요절』이 세상에 처음 공개되었을 때 많은 서지학자들은 그것이 지구상에 현존하는 가장 오래된 금속 활자본 서적이라는 사실을 인정할 수밖에 없었다. 책의 끝 부분에 적혀 있는 "선광 7년(1377) 7월에 청주목 교외 흥덕사에서 금속 활자로 인쇄하다"는 생생한 기록 때문이었다. 이 기록은 『직지심체요절』이 구텐베르크의 인쇄보다 무려 70여 년이나 앞선 1377년에 금속 활자로 인쇄된 서적임을 말해 주었다. 이처럼 1972년 세상에 처음 공개된 직후 『직지심체요절』은 이 책을 맨 먼저 발굴하고 전시회에 출품하는 데 결정적인 기여를 한 프랑스 국립도서관의 극동도서부 사서 박병선 씨가 원본 크기의 흑백 사진을 직접 가지고 귀국해 들어오면서 서지학적 연구가 본격적으로 진행되었다.

1985년에는 『직지심체요절』이 인쇄된 곳인 흥덕사 터가 청주에서 관련 유물과 함께 발굴되면서 간혹 『직지심체요절』의 간행 진위에 의심이 가해지던 논쟁에 종지부를 찍었다.

그리고 2001년 『직지심체요절』은 유네스코 지정 세계기록유산에 등재되었다. 현재 『직지심체요절』의 간행처인 흥덕사가 있는 청주시는 이와 같은 역사적 사실을 부각시키면서 흥덕사 터에 청주고인쇄박물관을 세우는 등 구텐베르크 인쇄의 발상지인 독일의 마인츠와 함께 세계 인쇄 문화의 메카로 자리잡기 위해 총력을 기울이고 있다. 과거 전통 문화와 교육의 중심 도시로 알려져 있던 지방 도시 청주가 세계 인쇄 문화의 메카로 탈바꿈하고 있는 것이다.

인쇄술과 인쇄 문화에서 동아시아 지역은 동서양을 막론하고 가히 원조임에 분명하다. 유럽에서 엄청나게 비싼 양피지로 어렵게 필사해서 극소수의 상층 특권 계급과 식자층들을 위해 단지 몇 권의 책을 만들던 때에, 동아시아에서는 값싸고 질 좋은 종이를 개발해 서적을 대량으로 인쇄, 간행했다. 유럽이 15세기 중반 무렵까지도 필사에 의존해 어렵사리 책을 만들던 데 비해서, 동아시아에서는 늦어도 8~9세기에 목판본 서적들이 대량으로 인쇄, 간행되기 시작했다. 물론 그 시작은 중국일 것이다. 그러나 현존하는 세계 최초의 목판 인쇄물인 『무구정광대다라니경』이 751년 이전에 신라에서 인쇄된 것에서 알 수 있듯이 목판 인쇄술이 중국의 전유물은 아니었다.

목판 인쇄에 이어 활자 인쇄도 중국에서 11세기에 처음 등장했다. 평민 출신으로 알려진 필승(畢昇)이 점토를 구워 활자를 만들고 밀랍으로 핀을 짜서 인쇄하는 기술을 개발한 것이 처음이었다. 이것을 이른바 '교니활자' 또는 '도활자'라 부르는데, 서적을 간행하는 데 실용화될 정도로 유용한 활자는 못 되었다. 이후 중국에서는 교니활자의 단점을 극복하기 위해 나무 활자나 주석 활자를 고안하기도 했다. 그러나 역시 기술력의 부족으로 활자를 이용한 서적 간행은 실용화되지 못했다. 기술적으로 가장 개선된 중국의 활자는 14세기 초 왕정(王禎)이 개발한 것이었다. 왕정은 두 가지 기술적인 개선을 이루어냈다. 하나는 완전히 평평한 판목을 만들고 거기에 인쇄에 적합한 목활자를 파는 것이었고, 다른 하나는 '회전 활자대'라는 활자 정리 도구를 만들어 식자에 편리하도록 활자를 계통적·기계적으로 정리한 것이었다. 이 방식으로 왕정은 1314년 무렵 6만여 자의 목활자를 만들어 지방지 100여 부를 인쇄했다. 중국에서 활자 인쇄술의 개발과 활용은 이것이 전부였다. 14세기 초 왕정이 목활자 인쇄술을 실용화 단계까지 개발했으나, 그 후 목활자의 활용이 어느 정도 진척되었는지는 매우 의문이다. 왕정이 편찬한 원대의 유명한 『농서(農書)』(1313)도 그의 목활자로 인쇄되지 못했으니까 말이다. 특히 나무라는 재질이 지니는 본질적인 한계 때문에 목활자로 활용되기에는 근본적인 한계가 있었다. 즉 재질이 약해 한두 번만 인쇄해도 활자를 다시 사용하지 못할 정도가 된다든지, 어느 정도 시간이 흐르면 활자가 비틀어져 오래 두고 사용할 수 없는 등 결정적인 결함이 있었다.

이처럼 중국에서 활자 인쇄술이 실용화되지 못하고 있던 때, 이웃 고려에서는 어땠을까? 고려에서 언제 처음 금속 활자를 만들었는지, 그것이 중국의 금속 활자보다 빨랐는지에 대해서는 이견이 분분하다. 그럼에도 늦어도 13세기 초에는 금속 활자가 만들어져 중국에서와 달리 실용화되었을 것으로 추정한다. 기록에 따르면 가장 먼저 금속 활자로 인쇄된 서적은 『남명천화상송증도가(南明泉和尙頌證道歌)』로 1239년 이전에 활자가 주조되었다. 이와 비슷한 시기에 고려 인종 때 문하시평장사(門下侍郎平章事)를 지낸 학자 최윤의(崔允儀)가 왕명으로 고금의 예문을 모아 편찬한 『상정고금예문(詳定古今禮文)』 28부가 1234년에서 1241년 사이에 인쇄되었다. 이 금속 활자 인쇄본들은 모두 고려의 중앙 정부에서 제작되었는데, 이러한 중앙 정부에 의한 금속 활자 인쇄는 14세기 말(1392) '서적원(書籍院)'이 설치되면서 제도적으로 정착하기에 이르렀다. 그러나 아쉽게도 13세기에 주자되어 인쇄된 서적들은 현존하지 않는다. 현존하는 『증도가』는 번각본일 뿐이며, 『상정고금예문』의 인쇄 사실은 이규보가 쓴 「발미」기록에 근거해 알려진 사실일 뿐이다. 1972년 파리의 도서 전시회에서 『직지심체요절』이 처음 공개되기 전에는 세계 최초의 금속 활자 인쇄술을 실용화한 고려의 인쇄본 서적들은 그 실체를 알 수 없었고, 단지 역사적 기록으로만 그 사실을 추정할 뿐이었다. 따라서 『직지심체요절』의 발굴과 소개는 한마디로 고려 금속 활자의 실체를 온 세계인들에게 보여 준 쾌거였다.

　『직지심체요절』은 중앙 관서가 아닌 지방의 청주목 교외에 있는 흥덕사라는 절에서 주자되어 인쇄되었다. 이는 13세기에 시작된 중앙 관서에서의 금속 활자 인쇄술이 지방의 사찰에서 사사로이 행해질 만큼 14세기에는 널리 확산되었음을 말해 준다. 하지만 『직지심체요절』을 간행한 13~14세기 고려의 금속 활자 인쇄술은 인쇄 상태를 통해 알 수 있듯이 기술적 수준이 그리 높지 않았음을 인정해야 할 듯하다. 활자도 균일하지 못하고, 글자체도 아름답지 못했다. 또 밀랍을 이용해 활자를 고정시켜 조판했기 때문에 대량으로 인쇄하지도 못했다. 따라서 금속 활자 인쇄가 목판 인쇄를 대체한다는 것은 전혀 바랄 바가 아니었다. 실제로 국가적 사업으로 대장경이 목판으로 간행되었던 사실에서 잘 알 수 있듯이 고려시대에는 줄곧 목판 인쇄가 중심이었다. 다만 금속 활자를 개발해 서적 간행에 활용한 것은 당시의 사회적 여건에서 필요했기 때문이었다. 즉 몽고의 침입으로 서적이 대거 불타 없어지고, 중국으로부터의 수입도 일시적으로 중단된 상황에서 빠른 기간 내에 많은 종류의 서적을 간행해야만 했다. 단기간에 많은 종류의 서적을 소량 간행하는 데에는 당시의 금속 활자 인쇄 기술이 목판에 비해서 훨씬 적합했던 것이다.

　기술 수준이 비교적 낮았던 고려의 금속 활자 인쇄술은 조선시대로 넘어오면서 한 단계 발전한다. 조선 태종대 1403년 고려의 서적원을 계승해 주자소(鑄子所)를 설립하고 청동으로 활자를 주조한 '계미자(癸未子)'는 그 준비 작업이었다고 할 수 있다. 고려의 금속 활자에 비해 꽤 개선되었지만 그래도 아직 미숙한 인쇄 기술에서 벗어나지는 못했다. 계미자의 단점이 대폭 개선된 것은 세종대에 들어와서였다. 1420년에는 경자자가, 1434년에는 갑인자(甲寅字)가 각각 주조되었는데, 모두 세종대 천문 의기의 제작을 총감독했을 뿐 아니라 조선 고유의 화약 무기를 개량하는 데에도 큰 업적을 남긴 이천의 주도 하에 이루어졌다.

계미자에서는 활자의 제작 작업에서부터 고려 활자의 기술이 대폭 개선되었다. 예컨대 『직지심체요절』의 활자는 정제된 밀랍의 한쪽 면에 글자를 새긴 다음 도가나 질그릇 만드는 찰흙을 잘 섞어 반죽한 것으로 덮어 씌워 주형을 만든 다음 구워냈다. 그런 다음 이 주형에 쇳물을 붓고 식으면 활자를 꺼내어 잘 다듬어 완성했다. 이 방식은 주형을 구울 때 밀랍으로 만든 어미자가 녹아 없어지기 때문에 같은 글자의 활자라도 같은 모양이 나오지 않아 책으로 찍어낸 면의 글자들이 고르지 못했다. 그런데 조선의 중앙 관서에서 제작한 금속 활자는 어미자를 밀랍으로 만들지 않고 황양목과 같은 나무에 각인해 만든 다음 갯벌의 고운 해감 흙을 판판하게 깐 후 그 위에 나무로 새긴 어미자를 박아 주형을 만들었다. 이것이 성현의 『용재총화(慵齋叢話)』에 소개된 방식이다. 이 방식으로 활자를 주조하면 같은 글자, 같은 모양의 활자를 필요한 수대로 얼마든지 만들 수 있었다.

경자자에서는 조판 기술에서 획기적인 기술 개발이 이루어졌다. 즉 그때까지 밀랍을 이용해 활자를 고착시키던 방식에서 벗어나 밀랍을 이용하지 않고 입방체로 균일하게 주조한 활자들을 얇은 대나무 조각을 이용해 고정시키는 방식을 채택한 것이다. 이것은 일종의 조립식 방식으로 밀랍이 밀리고 훼손되면서 조판을 새로 해야 했던 단점을 극복할 수 있었다. 물론 이러한 방식의 조판 기술은 그만큼 정밀한 활자를 주조할 수 있는 금속 제련 기술이 발전했기 때문에 가능했다.

이와 같은 계미자와 경자자의 기술은 크고 작은 20여만 장의 활자를 주조한 갑인자에서 완성되었다. 뿐만 아니라 갑인자 인쇄 기술은 기름 먹에 아교를 진하게 섞어 만든 질 좋은 먹물의 개발과 1000년 동안 질이 변하지 않고 유지되는 최상 질의 종이 제작술, 그리고 정교한 청동 활자 주조 기술 등이 어우러져 탄생한 최고급 수준의 금속 활자 인쇄술이었다. 이 갑인자는 하루에 40여 장을 인쇄할 수 있을 만큼 조판 기술이 개선되었을 뿐 아니라. 주조 기술도 절정에 달해 갑인자로 인쇄한 서적은 15세기에 만들어진 전 세계의 서적 중에서 가장 아름다운 서적으로 평가받을 정도였다. 이처럼 우수한 갑인자는 조선시대 말기까지 여섯 차례나 새로 주조되어 서적 인쇄에 쓰였다. 물론 고려시대의 미숙했던 금속 활자 인쇄술을 개선해 완벽하게 완성한 15세기 조선의 금속 활자 인쇄술도 목판 인쇄를 대체하지는 않았다. 그러나 적어도 서울 중앙에서는 금속 활자를 이용해 서적을 간행하는 것이 주류였다. 중요한 유교 경전은 물론이고 『자치통감강목』 같은 역사서, 방대한 『조선왕조실록』에 이르기까지 수많은 서적들이 금속 활자로 인쇄되었다. 이와 같이 훌륭한 조선의 금속 활자 인쇄술은 유럽의 구텐베르크 인쇄술 이전에 이미 확립되어 있었으며, 『직지심체요절』에 가려 일반에게 잘 알려지지 않은 구텐베르크 이전의 아름다운 금속 활자 인쇄본 서적만 해도 다수가 현존해 있다.

국립출판소인 교서관(校書館)에서 간행하는 서적은 거의 전적으로 금속 활자로 인쇄되었다. 여기에는 활자를 주조하는 주조장(鑄造匠), 금속 제련을 담당하는 야장(冶匠), 주조된 활자를 다듬는 조각장 인출하는 작업을 맡은 인출장(印出匠), 활자를 교정하는 업무를 맡은 교정장(矯正匠)등을 비롯해 여덟 개 분야의 기술자들이 소속되어 있었다. 그만큼 금속 활자 인쇄를 도맡은 교서관의 작업 공정은 전문화되었다.

조선의 유교 문화가 꽃핀 배경에는 이와 같은 금속 활자 인쇄술이 가장 큰 자리를 차지하고 있었다. 중국에서 들여오는 서적의 대부분이 조선에서 대량으로 인쇄되어 널리 보급되었다. 중앙 집권적 관료제 하에서 문민정치를 펼쳤던 중앙 정보와 유교 지식으로 무장하면서 빠르게 성장한 사대부 계층은 인쇄된 서적의 가장 큰 공급자이자 폭넓은 수요자들이었다. 조선 왕조는 민본적인 유교적 이상국가를 실현하기 위해 넓은 지식인층인 사대부들을 길러내는 교육을 강조하는 정책을 펼쳤고, 그럴수록 조선사회는 학문과 교양, 지식을 겸비한 사대부 지식인층이 지배하는 성숙한 유교 문화를 구축해 갔던 것이다.

— 문중양 『우리 역사 과학 기행』

01 이 글을 내용 문단으로 나눌 때 몇 문단입니까? 문단을 나누고 각 문단의
요지를 적어 보자.

02 중심 생각(주제)을 적어 보자.

**03** 글의 내용을 고공표를 그려서 요약하여 보자.

**04** 글의 줄거리를 5~6줄 정도로 이야기하여 보자.

**05** 제목을 붙여 보자.

아래 글을 읽고 마인드 맵으로 정리해 보자.

인류의 역사에서 20세기 말은 아마도 과학 기술 혁명의 시대로 기억될 것이다. 이 시기에 과학은 물질을 원자 수준에서 이해하고, 생명 현상을 분자 수준에서 설명하는 데 탁월한 성과를 거두었다. 그와 동시에 이후 인류의 삶에 막대한 영양을 미칠 새로운 분야가 과학에서 나타났다. 정보 처리 기술의 발전에 힘입어 물리학, 화학, 생물학이 나노미터 수준에서 통합되면서 나노 과학이 탄생한 것이다.

나노 과학이 처음으로 언급된 것은 1959년 말 캘리포니아 공대 대학원에서 열린 미국 물리학회 연례 모임 때였다. 노벨 물리학상 수상자인 리처드 파인먼이 「바닥에는 공간이 많다」라는 제목으로 행한 강연에서였다. 그로부터 40여 년이 지나 21세기 들어선 지금 나노 과학은 단순히 새로운 학문 출연 이상의 의미를 띠게 되었다.

나노 과학은 물리학, 화학, 생물학 등 서로 다른 학문들의 성과가 분자 수준에서 수렴된 결과이다. 더 나아가서 나노 과학은 과거에 연구자 자신도 모르는 사이에 이미 나노미터 수준에서 이루어졌던 수많은 연구 결과들을 새롭게 조명하는 방식이기도 하다.

그런데 이러한 수렴 또는 재조명 현상은 순수한 이론적 차원의 문제만은 아니다. 새로운 연구 성과에 대한 응용이 쉼 없이 계속되는 기술 분야에서도 나노 과학으로 인한 변화의 바람이 거세게 불기 시작했다.

1990년대에 들어서자마자 사람들은 기계 공학, 생명 공학, 정보 기술이 만나는 지점에 인공 지능, 로봇 동물 등과 같은 새로운 응용 가능성이 있음을 깨닫게 되었다. 지금까지 미국, 유럽 연합, 일본 등 선진 국가들은 이 분야에 앞다투어 수십조 원 규모의 투자를 시작했으며, 그에 따른 잠재적 이득이나 위험 또한 급속히 커지고 있다.

정보 통신 기술 분야에서도 역시 나노 기술 혁명이 진행 중이다. 나노 기술을 이용해 현재 소형 컴퓨터 안에 들어 있는 집적 회로보다 훨씬 더 나은 정보 저장 능력과 훨씬 더 높은 처리 능력을 갖춘 시스템을 만들려는 시도가 끊임없이 이어지고 있다. 현재 수준의 소형 컴퓨터만 하더라도 이미 똑같은 비용을 들이면서도 초창기 소형 컴퓨터에 비하여 정보 처리 성능이 수십 배나 더 나아졌다.

의학 부문도 나노 기술의 발달에 영향을 받고 있다. 나노미터 크기의 도구를 이용하여 생체분자를 더 효율적이고 효과적으로 감지하고 그것을 변형하려는 연구가 진행 중이다. 그에 따라 조만간 생체 분자에 직접 작용하여 병을 진단하고 치료할 수 있는 길이 열릴 전망이다. 현재 개발 중에 있는 나노 의학 도구들로는 생물 표적을 찾아내기 위해 자발적으로 돌아다니는 치료 물질, 근육 따위가 손상된 곳을 스스로 찾아가서 치료하는 인공 조직, 자기력이나 빛으로 이상이 일어난 곳을 밝혀주는 센서 등이 있다.

한편, 나노 기술은 인류가 처해 있는 환경 관련 문제를 해결하고 지속 가능한 발전을 이루는 데 기여하고 있다. 인간과 환경에 해로운 유독 물질, 또는 초고온(초고압)이나 초저온(초저압)을 쓰지 않고 생물체 본래의 화학적 상태를 그대로 활용할 수 있는 방법, 공해를 전혀 유발하지 않을 뿐만 아니라 일정한 목적을 달성한 후에는 자연 상태에서 저절로 분해되어 사라지거나 재활용할 수 있는 물질로 바뀌게 하는 방법, 온실효과를 불러일으키는 이산화탄소만을 따로 분리해 내는 방법 등을 개발하는 데 나노 기술이 널리 쓰이고 있는 것이다. 또한 수많은 기계 장치들이 극도로 작은 크기인 나노 구조로 바뀌면 에너지 효율성이 높아질 뿐만 아니라 풍력, 조력, 태양열, 지열 등과 같은 재생 가능 에너지를 더 효과적으로 이용하는 것도 가능할 것이다.

몇몇 사람들은 차후에 위해서 언급한 여러 부문이 복잡성 과학과 결합하여 엄청난 시너지 효과를 낼 것으로 예상하고 있다. 그렇게 되면, 세포나 뇌에서 자연적으로 일어나는 것과 같이, 잘 제어된 나노 물체를 하나만이라도 일단 만들어 놓으면 그것은 창발성을 띠면서 점점 더 복잡한 시스템으로 발전해 갈 수도 있을 것이다.

레이 커주와일은 『영혼 기계의 시대』에서, 한스 모라벡은 『로봇』에서, 에릭 드렉슬러는 『나노 테크노피아』에서 각각 미래에 나노 기술이 야기할 이러한 발전을 이야기하고 있다. 그들은 물질을 분자 수준에서 다루게 되면 인간의 두뇌보다 더 성능이 좋을 뿐만 아니라 '의식도 지닌' 시스템을 만들 수 있을 것이라고 상상한다. 이 시스템은 신체와 기계 사이의 상호작용을 통해 인간이 본래 타고난 생체 시스템의 결함을 수정하며, 더 나아가 그 생체 시스템의 성능을 개선하기 위해 신체와 기계 사이의 장벽을 무너뜨린다. 그 새로운 존재들이 살아가는 사회는 물질을 원하는 방식대로 조작하고, 원자 하나하나 모아서 새로운 물체를 만들 수 있는 사회이다. 물론 이런 진술들은 과학적인 탐구를 근거로 하고 있지만 아직까지는 공상 과학의 세계로 남아 있다.

이렇듯 최근에 들어서 나노 과학의 눈부신 미래가 어느 정도 윤곽선을 드러내고 있다. 그러나 동시에 바로 그 놀라운 발전 가능성 때문에 나노 기술은 무시무시한 위협으로 바뀌어 인류를 기다리고 있을지도 모른다. 나노 과학에 대하여 전혀 아는 바가 없는 일반 대중들은 물론이고, 심지어 몇몇 나노 기술의 창시자들마저도 나노 과학이 야기할 수도 있는 온갖 위협에 공포심을 드러내고 있다.

그중 한 사람이 바로 선 마이크로시스템스 사의 공동 창립자인 빌 조이이다. 그는 나노 과학의 위험성에 대하여 아무도 관심을 기울이지 않은 때 그것을 경고하고 나섰다. 2000년에 빌 조이는 「왜 미래는 우리를 필요로 하지 않는가?」라는 제목으로 나노 과학이 인공 지능이나 인성에 영향을 미쳐 인류의 미래를 위협할 가능성에 대한 긴 모놀로그를 발표했다. 이 글은 당시 잔잔하던 호수에 제법 큰 반향을 불러일으켰다. 어떻게 보면 마법사의 수련생에 해당하는 그가 왜 트로이의 멸망을 예언하는 카산드라 역할을 자처하고 나선 것일까?

기술 철학자인 장 피에르 뒤퓌는 모든 것이 복잡성으로 수렴되는 현상 때문에 인류의 세계관, 특히 생물관에 커다란 변화가 생겼다고 주장한다. 뒤퓌에 따르면, 인간은 모든 과정에서 분자 수준으로 이해하고 그 작동 알고리즘을 밝혀내려 함으로써 지금까지 오직 자연만이 할 줄 아는 것을 모방하려고 한다.

여기에는 과학적 연구 방법의 변화도 뒤따르고 있다. 이제는 어떤 대상을 관찰하기에 앞서 먼저 그것을 만들어야만 한다.

그런데 이러한 경험주의적 방법은 도중에 전혀 예기치 못한 현상이 나타날 수 있기 때문에 각별한 주의가 필요하다. 사실 복잡계에서는 언제나 여러 구성 요소들이 뒤섞이면서 예상 못했던 새로운 질서가 나타나게 마련이다.

지금까지 짤막하게 살펴본 이런저런 우려 때문에 나노 과학과 나노 기술은 실제로 존재하기도 전부터 논쟁의 대상이 되었다. 그러나 나노 과학이 공포의 대상이 된 가장 큰 원인은 근대를 지탱해 왔던 여러 개념들, 즉 진보, 발전, 과학, 기술 등이 점차 일반 대중들에게 그 가치를 의심받고 있기 때문일 것이다. 게다가 이러한 두려움은 한 번 세상 밖으로 나오면 아무리 설득하더라도 결코 불식되지 않는 특성이 있다. 어쨌든 이미 사람들 마음속에 자리잡은 돌이킬 수 없는 재난과 가까운 미래에 약속된 기술적 발전 사이에서 우리는 다음과 같은 질문을 던지지 않을 수 없다. 나노 과학은 인류에게 어떤 축복을 가져다줄까? 나노 과학은 정말로 위험한 것일까? 그렇다면 그 위험은 도대체 무엇일까? 혹시 그것을 막을 수는 없을까? 이에 대한 대답은 나노 과학과 관련된 논란의 구성 요소들을 명확히 이해한 후에라야 얻을 수 있을 것이다.

— 제임스 캔턴 『테크노 퓨처』

# 5장
읽는 중 활동 (2)
−추론적 읽기

 기초 다지기

추론의 '推'는 '손으로 밀다 → 밀어 젖히다 → 밀어 치우다 → 밀어 나아가다, 옮기다 → 짐작하다' 따위의 뜻을 가지고 있다. 사전적 의미로의 '추론'은 '이치를 좇아 어떤 일을 미루어 생각하고 논급(論及)함'이고, 추리라고도 한다. 쉽게 말하면 추론은 미루어 생각하는 것이라고 할 수 있다.

추론적 읽기는 글에 나와 있는 정보들의 관계를 파악하거나, 글에 제시된 사실적 정보들을 근거로 글에서 명시되지 않은 생략된 내용이나 필자의 의도를 미루어 파악하면서 읽는 활동이다. 글쓴이는 쓰고 싶은 내용이나 사실을 모두 글로 표현할 수 없다. 따라서 독자는 글을 읽을 때 글쓴이가 생략한 내용을 보충해 가며 읽는다. 이때에 독자는 추론을 촉진할 수 있도록 배경 지식을 활용하거나, 글의 내용을 앞이나 뒤의 사건과 관련지으며 읽어나가야 한다.

"오늘 아침에 기상 예보를 들었다. 나는 우산을 챙겨서 외출했다"라는 두 문장

사이에서 '비가 내릴 것'이라는 정보가 생략되어 있지만 독자는 자신의 지식과 경험을 바탕으로 쉽게 추론하여 이해할 수 있다. 문맥을 통한 추론의 예로는 "기말시험을 봤다. 언어학이 제일 어려웠다"라는 글에서 독자들은 '언어학'을 앞에서 말한 '기말시험'의 한 종류로 해석한다. 수동적으로 글을 읽는다고 해도 이 정도의 추론은 모두 하고 있는 것이다.

여기서는 수동적인 추론에서 더 나아가, 글을 읽을 때 글의 의도나 글 전체의 의미 구조 등을 파악하기 위한 능동적인 추론 활동을 하게 될 것이다.

추론은 대상이나 상황을 인식하는 하나의 방법이다. 추론은 논리적 추론과 관계적 추론으로 나뉜다. 논리적 추론은 제시된 글의 내용에서 전제된 내용을 추론하거나 제시된 내용의 결합을 통하여 새로운 사실을 만들어 나가는 사유 과정이고 관계적 추론은 어떤 사건이나 상황의 관계 속에서 대상의 실체를 확인해 가는 사유 과정이라고 할 수 있다.

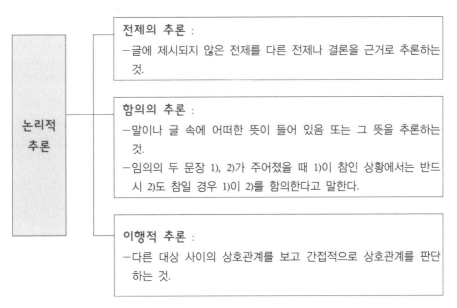

∴ 추론적 읽기

| 논리적 추론 | **전제의 추론** : <br> −글에 제시되지 않은 전제를 다른 전제나 결론을 근거로 추론하는 것. |
| | **함의의 추론** : <br> −말이나 글 속에 어떠한 뜻이 들어 있음 또는 그 뜻을 추론하는 것. <br> −임의의 두 문장 1), 2)가 주어졌을 때 1)이 참인 상황에서는 반드시 2)도 참일 경우 1)이 2)를 함의한다고 말한다. |
| | **이행적 추론** : <br> −다른 대상 사이의 상호관계를 보고 간접적으로 상호관계를 판단하는 것. |

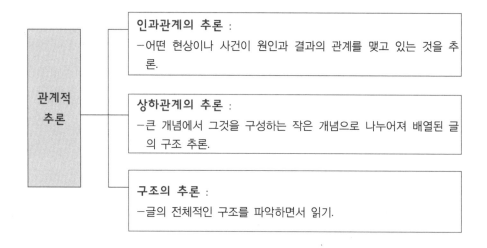

인과관계의 추론 :
－어떤 현상이나 사건이 원인과 결과의 관계를 맺고 있는 것을 추론.

상하관계의 추론 :
－큰 개념에서 그것을 구성하는 작은 개념으로 나누어져 배열된 글의 구조 추론.

관계적 추론

구조의 추론 :
－글의 전체적인 구조를 파악하면서 읽기.

# 1. 논리적 추론

 전략 익히기

논리적 추론은 우리의 일상생활 가운데서 널리 응용되고 있다. 뿐만 아니라, 이야기를 하거나 글을 쓰거나 할 때 우리는 언제나 논리적 추리를 떠날 수 없다. 논리적 추론에는 다음과 같은 이점이 있다.

첫째로 논리적 추론을 하면 명석하고 조리있게 사유할 수 있을 뿐만 아니라 설득력 있게 글을 쓰거나 말을 할 수 있는 논리적 힘을 얻게 된다.

둘째로 논리적 추론은 새로운 지식을 탐구하는 데 필요하다. 검증된 전제로부터 출발하여 이와 연관된 새로운 지식을 도출하는 데 논리적 지식이 필요하다.

## 1) 전제의 추론

전제의 추론은 주어진 말에서 가정된 공유지식이나 공동근거가 무엇인지를 추론하는 것이다. 즉, 글에 제시되지 않은 전제를 다른 전제나 결론을 근거로 추론하는 것을 말한다. 여기서 말하는 전제(presupposition)는 논리학의 삼단논법에서 결론을 이끌어 내기 위해 두는 전제(premise)와 구별된다. 전제는 의미론에서 중요한 화제가 되어 왔는데, 일상 언어에서 어떤 것을 전제한다는 것은 그것을 가정한다는 것을 의미한다. 예를 들어 '철수까지도 그 방정식을 풀 수 있었다'는 문장은 여러 가지의 의미가 숨어 있음을 추측할 수 있다. '철수라는 사람이 있다', '그 문장에서 말하는 수학의 방정식이 있다', '그 방정식이 아주 어려운 것은 아니다', '철수라는 사람은 평소에 방정식을 푸는 데 탁월하지 못했다' 등이다. 이 중 글의 흐름에 적합한 의미를 생각하며 글을 읽어 나가면 된다.

>
> 소년은 개울가에서 소녀를 보자 곧 윤 초시네 증손녀(曾孫女) 딸이라는 걸 알 수 있었다. 소녀는 개울에다 손을 잠그고 물장난을 하고 있는 것이다. 서울서는 이런 개울물을 보지 못하기나 한 듯이.
>
> 벌써 며칠째 소녀는, 학교에서 돌아오는 길에 물장난이었다. 그런데, 어제까지 개울 기슭에서 하더니, 오늘은 징검다리 한가운데 앉아서 하고 있다.
>
> <u>소년은 개울둑에 앉아 버렸다. 소녀가 비키기를 기다리자는 것이다.</u>
> <u>요행 지나가는 사람이 있어, 소녀가 길을 비켜 주었다.</u>
>
> — 황순원 『소나기』

이 글은 황순원의 '소나기' 중 앞부분이다. 소녀는 개울가에 앉아 물놀이를 하고 있는데, 소년이 와도 비키지 않는다. 이유는 생략되어 있지만, 소년이 개울둑에 앉아 소녀가 비켜주기를 기다린다는 부분에서 '소녀가 일부러 소년에게만 길을 비켜 주지 않는다'는 것이 전제돼 있음을 추론할 수 있다.

## 2) 함의의 추론

함의란 '말이나 글 속에 들어 있는 뜻', 또는 '말이나 글 속에 어떠한 뜻이 들어 있음'을 뜻한다. 화용론에서 전제는 발화하기 전에 이미 그렇다고 가정하는 것으로 화자가 전제를 갖는다. 임의의 두 문장 1), 2)가 주어졌을 때 1)이 참인 상황에서는 반드시 2)도 참일 경우 1)이 2)를 함의한다고 말한다. 화용론에서 전제는 발화하기 전에 이미 그렇다고 가정하는 것으로 화자가 전제를 갖는다. 반면에 함의는 발화에서 가정된 것으로부터 논리적으로 따라오는 것으로 문장이 함의를 갖는다.

함의와 전제는 비슷해 보이나 분명한 차이가 있다. 하나의 문장에서 더불어 전해지는 의미 가운데서 주문장을 부정했을 때, 영향을 받지 않는 것이 전제이고, 주문장의 부정에 대해 영향을 받아 그 의미가 소멸되는 것이 함의이다. 전제의 특징은 주명제가 부정되어도 아무런 영향을 입지 않는다는 것이다. 따라서, 주문장를 부정하여 그 정보가 보존되는지 아닌지를 살펴봄으로써 전제인지 함의인지를 알 수 있다.

예를 들어, '프랑스 왕은 대머리이다'란 문장을 보면 프랑스 왕이 존재한다는 것을 전제로 추론할 수 있다. '프랑스 왕은 대머리가 아니다'란 부정문 또한 프랑스 왕이 존재한다는 것을 전제로 하여 전제문의 정보가 변함이 없다. 반면 '혜영과 선아는 웃고 있다'는 '혜영은 웃고 있고, 선아도 웃고 있다'를 함의하고 있는데 '혜영과 선아는 웃고 있지 않다'는 부정문은 '혜영은 웃고 있고, 선아도 웃고 있다'를 함의하지 않는다.

> **예문**
>
> <괴물>이 <왕의 남자>도 넘어설지 모른다는 예상을 뒷받침하는 이유들은 다음과 같다.
> <u>괴물로부터 납치당한 딸을 구하기 위한 가족의 사투기를 그린 영화답게 영화 <괴물>의 관람 등급은 '12세 관람가'다.</u> 또한 <왕의 남자>가 한국 블록버스터 <태풍>과 할리우드 블록버스터 <킹콩> 등과 맞서 경쟁하는 어려운 환경이었던 반면 영화 <괴물>은 <한반도> 개봉 2주 후, <캐리비안의 해적-망자의 함> 개봉 3주 후 등 상대적으로 정면 대결하는 블록버스터가 없다.

▶ 역대 흥행스코어 1, 2, 3위를 기록한 영화 <왕의 남자>, <태극기 휘날리며>, <실미도>가 15세 관람가인 것을 볼 때, 우리는 12세 관람가인 <괴물>이 관

객수에 있어 <왕의 남자>보다 유리한 위치임을 추론할 수 있다.

## 3) 이행적 추론

이행적 추론(transitive inference)의 관계는 만약 A가 특별한 방식으로 B와 관련되고, B가 C에 관련되면 필연적으로 A와 C가 관련되는 그런 관계이다. 즉, 다른 대상 사이의 상호관계를 보고 간접적으로 상호관계를 판단하는 것을 이행적 추론이라고 부른다. A, B, C가 사람이고, 관련성이 '~보다 더 크다'라고 가정해 보자. 그러면 A가 B보다 크고, B가 C보다 클 경우 필연적으로 A는 C보다 크다는 것을 추론할 수 있다.

예문

1) 현철(A)은 성우(B)보다 크다
2) 성우(B)는 상호(C)보다 크다.
3) (추론)현철(A)은 상호(C)보다 크다.

▶ 이 경우 '현철(A)은 상호(C)보다 크다'는 문장 3)은 이행적 추론이 된다. 그러나 만약 관계가 비이행적(intransitive)이면 A가 B와 관련되고, B는 C에 관련될 경우 A와 C가 관련되는 것은 논리적으로 불가능하다. 이것은 "~의 어머니이다"의 경우를 예로 들 수 있다.

예문

1) 소영(A)은 영희(B)의 어머니이다.
2) 영희(B)는 정순(C)의 어머니이다.
3) (추론)소영(A)은 정순(C)의 어머니이다.

▶ 이럴 경우 문장 3) '소영은 정순의 어머니이다'는 추론은 오류이다. 그 관계가 비이행적이기 때문이다. 또한 관계가 이행적이지도 않고, 비이행적이지도 않을 수

있는데, 그런 관계를 불이행적(non-transitive)이라고 일컫는다. 아래의 예를 들어보자.

1) 소영(A)은 영철(B)과 교회에서 이중창을 했다.
2) 영철(B)은 인수(C)와 교회에서 이중창을 했다.

▶ 이 경우 우리는 소영(A)과 인수(C)의 음악적 관계에 대해서 어떤 결론도 내릴 수가 없다. 그 관계가 불이행적이기 때문이다.

**실전연습 1**

아래 글을 읽고 글쓴이의 주변 환경이나 심리 상태를 추론해 보자.

가족의 신뢰를 되찾는 것이 그렇게 희망이 없을까? 비록 아버지는 편견에서 완전히 벗어난 적이 전혀 없지만, 다른 식구는 훌륭한 사람들이니 천천히, 그러나 확실하게 관계가 회복될 가능성을 완전히 부정하지는 않는다. 결국은 아버지와 사이가 좋아지면 다행이겠지만, 우선은 너와 나 사이의 관계를 회복하는 게 중요하겠지. 오해하기보다는 좋은 관계를 맺는 게 더 낫지 않겠니.

추상적인 이야기를 꺼내서 너를 괴롭히게 될지도 모르겠는데, 인내심을 갖고 끝까지 들어주었으면 한다. 나는 정열적인 사람이다. 그래서 가끔은 좀 미안한 생각이 들 정도로 지나친 행동을 하기도 했지. 너무 성급하게 행동하는 바람에 조금 더 참았더라면 하고 후회하는 일도 이따금 있었다. 그러나 다른 사람들도 가끔 무모한 행동을 하잖아.

그렇다고 어떻게 하겠니. 나 자신을 어떤 일에도 어울리지 않는 사람으로 봐야 할까. 나는 그렇게 생각하지는 않는다. 오히려 이 열정이 좋은 결과를 거둘 수 있도록 해야겠지.

— 빈센트 반 고흐 『반 고흐, 영혼의 편지』

01 글쓴이는 현재 주변 인물들과 어떤 관계를 전제로 하여 편지를 쓰고 있는가?

02 글쓴이에 대한 주변 인물들의 생각은 어떤지 생각해 보자.

아래의 이야기에 나오는 친구들의 관계는 위의 세 가지 이행관계 중에서 어디에 속하는지 생각하며 읽어보자.

옛날 어느 시골마을에 혼자 사는 한 노인이 있었는데, 그에게는 먼 친척이 되는 사냥꾼이 한 사람 있었다. 하루는 그 사냥꾼의 친구가 찾아왔는데, 그 친구는 노인의 먼 친척인 사냥꾼이 보낸 토끼 한 마리를 가져 왔던 것이다. 노인은 너무도 고마워서 토끼고기 요리를 해서 그 친구에게 대접했다. 그런데 며칠 후 젊은이 5~6명이 찾아와서 "우리는 토끼를 가지고 온 그 젊은이의 친구들"이라고 했다. 노인은 그들에게도 조금 남은 토끼고기의 국물을 그들에게 대접하여 보내었다. 그 후 얼마 안 되어 또 젊은이 7~8이 찾아와서 "우리는 토끼를 가지고 온 그 젊은이의 친구의 친구들"이라고 했다. 그래서 노인은 구정물 한 사발 퍼다가 그들 앞에 내놓았다.

젊은이들은 너무도 기가 막혀 "이건 뭡니까?" 하고 물었다.

그러자 노인은 이렇게 대답하였다.

"이건 사냥꾼의 친구가 가져 온 토끼고기 국물의 국물의 국물이라네!"

지혜로운 이 노인은 '사냥꾼의 친구가 가져 온 토끼고기 국물의 국물의 국물'이라는 것으로 '사냥꾼의 친구의 친구의 친구'라는 젊은이들의 못된 수작을 물리친 것이다.

— 김득순 『논리와 궤변』

## 2. 관계적 추론

전략 익히기

능동적인 독자들은 글을 읽으면서 다음에 이어질 내용이 무엇인지에 대해 끊임없이 가설을 세운다. 이어질 내용에 대한 가설은 단어 수준일 수도 있고, 문장 수준일 수도 있으며, 나아가서는 뒤에 이어질 전체 내용일 수도 있다. 독자들이 글을 읽으면서 이러한 활동을 한다는 것은 곧 자기 나름으로 글 전체의 구도를 가정하고 이미 읽은 내용 혹은 지금 읽고 있는 내용을 이해한다는 것을 의미한다.

따라서 글을 제대로 이해하기 위해 문장 사이의 생략된 내용이나 다음 문단에서 이어질 내용, 전 단계의 내용 등이 무엇인지 또는 글 전체의 구조가 어떤지 등을 추측하는 활동을 해야 하는데, 이런 활동들은 글 속에 나타난 여러 관계들을 파악하는 것이라 할 수 있다. 문장과 문장 사이의 관계에서부터 문단과 문단의 관계, 더 나아가 글 전체의 구조 속에 놓여 있는 관계들을 추측하며 읽는다면 읽기의 능력을 향상시켜 줄 것이다.

### 1) 인과관계의 추론

글을 읽을 때 일어나는 추론은 여러 가지가 있겠으나, 그 중 인과관계에 대한 추론은 이야기의 내용에 대한 근간을 형성하는 중요한 요소이다. 어떤 현상이나 사건이 원인과 결과의 관계를 맺고 있는 것을 추론해 내는 것을 인과관계의 추론이라고 할 수 있다.

특히, 설명을 위한 글이나 주장을 밝히는 글에서는 글을 펼쳐가는 과정에서 그 내용의 객관적 타당성과 합리성이 드러나야 한다. 그것은 서술된 내용들 사이의 논리적, 인과적 관계가 명확히 드러나는 글이라야 비로소 읽는 이에게 설득력을 발휘할 수 있기 때문이다. 따라서 문장과 문장, 단락과 단락, 문단과 문단 사이의 논리적, 인과적 관계가 무엇보다 중요한 의미를 지닌다.

이 관계를 쉽게 파악하게 하는 단서는 접속어이다. '그러므로, 따라서, 그래서,

그런즉, 그러니까, 왜냐하면' 등의 접속어를 통해 앞 뒤 문장의 관계가 인과관계를 나타내고 있다는 것을 알 수 있다.

> 사실을 가장 정확하게 보도하려면 기사를 객관적으로 써야한다는 말이 있다. 조금도 주관을 섞지 않고 있는 그대로를 써야만 정확한 보도가 된다는 것이다. 그러나 '객관적'이라는 표현은 좀 주의해서 이해하지 않으면 안 된다. **왜냐하면,** 가장 정확하고 올바른 보도일수록 기사가 이른바 객관적이라기보다 오히려 훌륭한 의미에서 주관적이기 때문이다. 사태를 가장 정확하게 알리는 보도일수록 주관적이 되어야 한다는 이론은 얼핏 납득하기 어려운 말 같기도 하다.

이 글은 '진실 보도의 어려움'이란 글 중 일부이다. 첫 문장에서는 사실을 정확하게 보도하려면 객관적으로 기사를 써야 한다고 말하면서, '객관적'이라는 표현을 주의해야 한다고 한다. 그러면 읽는 순간, '객관적'이라는 단어에 초점을 맞추게 마련이다. 그리고 다음 문장에서 접속어 '왜냐하면'의 등장으로 원인이 나올 것이라는 것을 추측하게 된다. 보통 인과관계라고 하면, 원인이 먼저 나오고 다음에 결과가 나오는 순서인데, 위 예시문은 결과가 먼저 나오고 '왜냐하면'의 접속어를 이용하여 원인을 제시하고 있다.

## 2) 상하관계의 추론

큰 개념을, 그것을 구성하는 작은 개념으로 나누어서 배열한 글의 구조를 상하관계라고 한다. 상위 개념은 하위 개념과 계층적 구조를 형성하는데, 상위 개념과 하위 개념으로 나눌 때는 한 번에 한 가지 기준만 적용하여야 한다. 따라서 독자는 기준을 통해 상위 개념 다음에 펼쳐질 하위 개념을 미루어 짐작할 수 있다.

예를 들어, '소설'이란 상위 개념이 나오고 '분량'이라는 기준을 적용할 때는

'장편 소설, 중편 소설, 단편 소설' 등에 대한 내용이 하위 개념으로 제시될 것이라는 것을 추론할 수 있고, '시대'라는 기준을 적용할 때는 '고대 소설, 현대 소설'이 될 것이며, '내용'이라는 기준을 적용할 때는 '역사 소설, 노동 소설, 애정 소설' 등을 하위 개념으로 생각해 볼 수 있다. 그런데 만약 '소설'의 하위 개념을 '단편 소설, 고대 소설, 역사 소설'과 같이 추론했다면, 한 번에 여러 가지 기준이 뒤섞여서 적용되었기 때문에 잘못 생각한 것이다.

상위 개념과 하위 개념 사이에는 유사성이 있어야 한다. 하위 개념이 가지고 있는 공통된 성질을 상위 개념도 반드시 가지고 있어야 한다는 것이다. 예를 들어, 관악기, 현악기, 건반 악기, 타악기의 공통된 성질은 '연주하기 위한 소리를 낼 수 있다'는 점인데, 이 성질은 상위 개념인 '악기'의 성질이기도 하다.

또한 하위 개념끼리는 서로 중복되지 않도록 고려하면서 추론해야 한다. 대중매체가 상위 개념으로 제시되었을 때, 대중매체의 종류를 '텔레비전, 라디오, 신문, 잡지, 월간지'로 나누어 생각한다면 잘못된 것이다. 월간지는 잡지의 한 종류이므로 서로 겹치는 부분이 생기기 때문이다.

예문

생태주의의 두 흐름인 근본생태주의와 사회생태주의는 현대 생태철학을 대표한다. 이 두 이론의 공통점은 혁명적이고 문화적이며 정신적인 패러다임만이 다가오는 지구의 파멸을 막을 수 있다고 여긴다는 데 있다. 그러나 생태 위기의 근원이 무엇인가에 대한 진단에 대해서는 서로 다른 의견을 가지고 있다. 근본생태주의는 위기의 근원이 자연을 배제한 인간중심적 사고, 즉 인간의 자연지배에 있다고 보는 반면 사회생태주의는 인간들 사이의 불평등, 즉 인간에 의한 인간 지배에 있다고 본다.

근본생태주의와 사회생태주의는 1960년대 후반 물질적인 성장만을 숭배하는 작품의 풍토는 머지않아 사회와 생태계에 돌이킬 수 없는 파국을 안겨줄 것이 분명하므로 더 늦기 전에 인류와 지구를 구하려면 사회를 근본적으로 뜯어 고쳐야만 한다고 믿었던 이른바 '대안문화운동(counter-cultural movement)의 후예들이다. 이 운동은 주로 젊은이들 사이에서 펼쳐졌는데, 북친이나 근본생태학자 마이클 짐머만과 조지 세션즈 등은 모두 대안 문화운동가 출신들이다. 초창기인 1970년대까지는 서로 간의 입장 차이가 분명하지 않다가 점차 입장을 달리하면서 1980년대 후반부터 근본생태주의와 사회생태주의로 분화된다.

▷ 이 글은 현대생태철학을 대표하는 생태주의를 근본생태주의와 사회생태주의로 나누고 있다. 이때 생태주의가 상위 개념이고, 근본생태주의와 사회생태주의가 하위 개념이 된다. 생태주의의 하위 개념인 근본생태주의와 사회생태주의는 생태 위기의 근원이 무엇인가에 따라 나눈 것이다. 이 글의 뒷부분에서는 하위 개념인 근본생태주의와 사회생태주의의 차이점과 공통점에 대한 설명이 전개되리라는 추론이 가능하다.

### 3) 구조의 추론

글을 읽는 과정에서 글의 전체적인 구조를 파악하면서 읽도록 하는 것이 중요하다. 글의 전체 구조를 생각하는 것은 읽기 전에도 필요한 활동이지만, 글을 읽어 나가면서도 계속해서 전체 구조를 파악하면서 읽어야 한다.

글 구조에 대한 논의는 다양하다. 글의 종류에 따라 생활문이나 설명문 등의 설명적인 글은 서론, 본론, 결론의 3단계로 쓰는 것이 일반적이다. 그러나 글쓴이와 내용에 따라서는 설명하는 글도 4단계나 5단계로 구성하는 경우가 많다. 그리고 논술문 등의 논증이나 설득하는 글도 역시 3단계를 기본으로 하며, 4단계나 5단계로 구성되기도 한다. 또 동화나 소설 등의 서사적인 글은 기, 승, 전, 결의 4단계나 발단, 전개, 위기, 절정, 결말 등 5단계로 구성되는 것이 일반적이라는 사실도 알고 읽어야 내용을 추론하는 데 유리하다.

글의 구조를 내용 전개에 따라 파악할 때는 시간이나 공간 순으로 제시된 순서 구조, 일련의 사실이나 생각을 나열한 열거 구조, 둘 이상의 사람·사물·사건 사이의 유사점이나 차이점을 서술한 비교-대조 구조, 어떤 사건의 원인과 결과를 밝혀 놓은 인과관계 구조, 어떤 문제와 해결책을 제시한 문제-해결 구조 등의 관계를 이해하면서 읽어야 한다.

이렇게 글의 구조를 생각하면서 읽으면 글을 좀 더 쉽고 풍성하게 이해할 수 있다. 또한 부분(문장, 문단)과 부분과의 관계를 좀 더 쉽게 파악하며 전체의 줄거리를 보다 잘 이해할 수 있다. 그리고 전체적인 관계를 잘 파악하게 되어 생략된 내용을 보다 쉽게 추론할 수 있으며, 특히 주제 파악이 용이하다.

> 물은 우리가 살아가는 데 없어서는 안 될 매우 중요한 환경 요소이다. 하루라도 물을 마시지 않으면 우리는 살 수가 없다. 그런데 물의 오염을 줄이려면 어떻게 해야 할까?
>
> 가정에서 합성세제의 사용을 줄여야 한다. 우리가 머리를 감을 때 무심코 쓰는 샴푸나 설거지와 빨래를 할 때 사용하는 세제의 거품들이 물을 오염시키고 있다.
>
> 공장에서도 폐수를 정화시켜 내보내야 한다. 공장에서 흘러나온 오염된 물은 물고기가 기형이 되게 하고, 사람에게도 치명적인 해를 입히게 된다.
>
> 농약 사용을 줄여야 한다. 농촌이나 골프장에서 사용한 농약들이 강과 바다로 흘러들어 물을 오염시키므로 농약 사용을 줄여 깨끗한 물이 오염되는 것을 막아야 한다.

▶ 이 글은 문제-해결 구조에 관한 예문이다. 서론 부분에 물의 오염이 심각하다는 문제를 제기하여 본론에서는 문제에 대한 해결방안을 제시할 것이라는 것을 쉽게 추론할 수 있다. 좀 더 능동적인 독자라면 읽으면서 물의 오염을 줄일 수 있는 방안이 더 전개되리라는 것을 생각해 볼 수 있다.

아래 글을 지시에 따라 추론하며 읽어 보자.

부자들이 말하는 재테크의 비결은 무엇일까요? 미국에서 부자라고 하면 보통 재산이 얼마나 될지 궁금하죠? 어떤 책에서 본 내용인데요. 미국 부자들의 평균 재산은 약 920만 달러라고 합니다. 우리 돈으로 100억원 정도의 재산이면 미국에서 갑부 소리를 듣는 거죠. 이들을 보통 백만장자라고 부릅니다.

그런데 재미있는 것은 미국 부자들의 공통적인 인적 사항입니다. 우선 평균 나이가 54세였어요. 자, 여러분은 어떻습니까? 아직 희망이 있죠?

다음으로 공통적인 건 28년 이상 한 부인과 살고 있다는 사실입니다. 당연하죠. 만약 이혼을 했다면 재산을 지킬 수 있었겠습니까? 절대 이혼 안 합니다. 이혼하면 가진 재산의 상당부분을 위자료로 떼어줘야 하기 때문입니다. 몇 번 이혼하면 아마 빈털터리가 되고 말 겁니다.

또 평균 세 명의 자녀를 두고 있답니다. 부자 되고 싶으면 자식을 더 낳으십시오. 독신은 5%이구요. 미혼은 2% 정도랍니다. 이건 무슨 뜻일까요? ( _____ )

그런데 이 사람들의 소비지출 행태는 더더욱 재밌습니다. 자동차를 구입할 때 평균 4만 달러를 사용합니다. 우리 돈으로 치면 5,000만원입니다. 물론, 큰돈이지만 그들의 재산에 비하면 껌 값입니다. 그들은 절대 비싼 것 사지 않습니다. 하지만 우리는 어떻죠? 길거리에 나가보면 고급차 천지입니다. 어설픈 부자가 본래 폼 잡는 법이지요.

결혼반지는 평균 1,500달러(180만원) 정도랍니다. 그나마 약 7%는 결혼반지도 아예 없답니다. 우리나라에서는 '갑부'하면 부모로부터 상속을 많이 받았을 거라고 생각하잖아요? 어찌된 셈인지 미국의 공인된 부자들 중 61%는 부모로부터 돈 한 푼도 상속을 받지 못했답니다. 또 그들은 대개 평균 40년 전에 지은 낡은 집에 살고 있습니다.

워런 버핏이라는 이름을 들어보셨어요? 미국의 전설적인 주식투자자인데, 세계 두 번째 갑부입니다. 그런데 이 억만장자도 45년 동안 시골 오마하의 한 집에서 쭉 살고 있답니다.

　　미국의 백만장자들, 아니 천만장자 부자들은 이렇게 삽니다. 우리나라에서도 단칸방에 홀로 살면서, 김밥 장사로 혹은 행상으로 번 돈을 대학에 기부한 할머니들 보셨죠? 그런데 우리는 어떤가요? 로또복권 당첨되면 큰 아파트부터 사고, 외제 승용차부터 사겠다고 다들 꿈꾸잖아요.

－ 서춘수, 『부자의 꿈을 꾸어라』

01 앞문장과 뒷문장의 인과관계를 고려할 때 밑줄에 들어갈 만한 내용을 추론해 보자

**02** 글의 구조상 상하관계를 고려했을 때, 부자들의 공통점을 나누는 기준을 추론해 보자.

**03** 위의 내용들을 고려하여 이 글의 결론 부분을 추론해 보자.

　　작품 전체를 두고 볼 때, 다음 글은 소설의 구성 단계 중 어느 부분에 해당하는
지 생각해 보고 이 소설의 주제가 무엇인지 생각해 보자.

　　　　파티 날이 왔다. 르와젤 부인은 목적한 바를 이루었다. 그녀는 누구
　　보다 아름답고 우아하고 세련되었으며, 기쁨에 겨워 깔깔거렸다. 남자
　　들 전부 그녀를 주시했고, 이름을 알고싶어 했으며, 소개받기를 원했다.
　　모든 관리들이 그녀와 춤추고 싶어했다. 장관도 그녀를 유심히 바라보
　　았다.
　　　　그녀는 흥분 속에서 취한 듯 춤을 추었다. 자기 미모에 의기양양했
　　고, 성공의 영광, 여러 사람들의 선망과 찬미, 깨어난 모든 욕망 등, 여
　　자의 마음을 완벽한 승리감으로 채워주는 행복의 절정에서 다른 것은
　　생각할 겨를이 없었다.
　　　　그녀는 새벽 네 시쯤에야 무도회장에서 나왔다.
　　　　남편은 자정부터 한산한 작은 응접실에서 다른 세 친구와 함께 잠
　　들어 있었다. 자기 아내들이 쾌락에 겨워 있는 줄도 모른 채였다.
　　　　남편은 돌아갈 때를 생각해 평소에 입던 검소한 옷을 아내의 어깨
　　에 걸쳐 주었는데, 화려한 야회복과 너무 대비되도록 초라했다. 그런 느
　　낌이 든 그녀는 비싼 모피 옷으로 몸을 감싼 다른 여자들 눈에 띄기 싫
　　어 피하려고 했다.
　　　　르와젤은 아내를 붙들었다.
　　　　"잠깐 기다려요. 밖에 나가면 감기 들어. 내가 나가서 마차를 불러
　　오리다."
　　　　그러나 그녀는 들은 척도 않고 얼른 층계를 뛰어 내려갔다.
　　　　그들이 밖에 나왔을 때는 이미 마차가 한 대도 보이지 않았다. 그래
　　서 멀리 지나가는 마차라도 잡으려고 소리소리 질렀다.
　　　　낙심한 그들은 추위에 떨며 세느강 쪽으로 갔다. 밤에 강가에나 나
　　다니는 헐어빠진 마차 한 대가 눈에 띄었다. 파리에서 낮에는 초라한
　　꼴을 보이기 부끄러운 듯 밤에만 나타나는 그런 마차였다.
　　　　마차는 마르티르 거리에 있는 그네 집 문 앞에 다다랐다. 그들은 쓸

쓸히 층계를 올라갔다. 그녀에게는 모든 것이 끝났다. 남편은 열시까지 직장에 출근할 일을 생각하고 있었다.

그녀는 화려한 자기 모습을 다시 한 번 보려고 거울 앞에 가서 어깨에 걸친 겉옷을 벗었다. 그러다가 갑자기 비명을 질렀다. 목에 걸렸던 목걸이가 없었기 때문이다.

— 모파상, 『목걸이』

# 6장

읽는 중 활동 (3)
－비판적 읽기

 기초 다지기

　'비판'이라 하면 우리는 곧잘 '잘못을 꼬집어 말하는 일'로 이해한다. 그러나 이는 오해이다. '비판'의 한자 표기 '批判'에서 '判'은 '나누다/구별하다'의 뜻이다. 즉, 옳음과 그름, 좋음과 나쁨, 참됨과 거짓됨 등등을 나누고 구별한다는 것이다. 그렇다면 '批'는? 이는 원래 손으로 때리다'의 뜻이지만, 부수인 손 쉬[手]를 떼어내면 '견주다'라는 뜻을 가진 '比'가 된다. 두 개를 나란히 놓고 비교해 보는 것이다. 그러니까 비판이란 어떤 대상의 가치를 매기는 일이다. '비판'에 해당하는 영어 단어 'criticism'도 '분할하다'라는 뜻을 지닌 '크리네인(krinein)'에서 비롯되었다. 요컨대 '비판'이란 '비평'과 동일한 뜻이고, 이는 곧 '평가'라는 말과 동의어라 할 수 있다. 그러므로 비판적 읽기란 글의 옳음과 그름, 좋음과 나쁨, 참됨과 거짓됨 등등을 따져가며 읽는 일을 가리킨다.

　글을 읽으면서 이런 생각들을 해 본 적 없는가?

"무슨 글이 이렇게 난잡해?", "주어와 서술어 호응이 안 맞잖아!", "필자의 시각이 너무 편향되어 있는 거 같아.", "무척 감동적이야." 등등.

물론 그랬을 것이다. 알고 보면 우리는 모두 모든 글에 대해서 비판적 읽기를 해 온 셈이다. 그러니 비판적 읽기라고 해서 고도의 지적 능력이 필요한 일이 아님을 먼저 인정하자. 다만 글의 어떤 측면에 대한 비판인가에 따라 몇 가지 준거가 있다는 점만 알면 된다. 그렇게 되면 좀 더 체계적인 비판이 가능할 테니까.

∴ 비판적 읽기의 준거

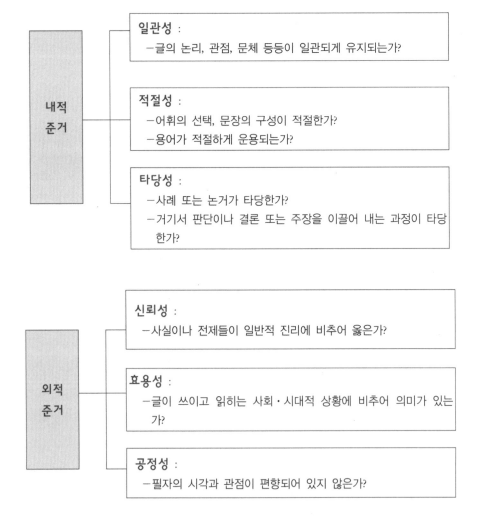

## 1. 내적 준거에 따른 비판

 전략 익히기

내적 준거에 따른 비판은 텍스트의 내용을 충실하게 이해하기 위해 필요한 독서 절차이다. 글을 읽을 때에는 먼저 저자의 논리를 따라가며 읽는 것이 좋다. 그러나 이것이 곧 수동적인 독서 태도를 취하라는 의미는 아니다. 저자가 전달하고자 하는 주제가 무엇인지를 우선적으로 파악해가면서 읽는 태도가 필요하다는 의미이다.

모든 저자가 자신의 글에 대한 통제력이 뛰어난 것은 아니다. 또한 통제력이 뛰어난 저자라고 하더라도 어떤 주제에 대해서는 순간적인 흥분이나 편견, 선입견, 지나친 자기주장 등으로 인하여 논리의 일관성이나 객관성을 상실하는 경우도 있다. 따라서 글을 읽을 때에는 저자의 주제의식이 무엇인지를 파악하는 동시에, 그러한 주제를 독자에게 전달하는 데 있어서 오류를 범하고 있지는 않은지를 비판하면서 읽는 성숙한 독서 태도가 필요하다. 이때 적용할 수 있는 내적 준거로는 일관성, 적절성, 타당성이 있다.

### 1) 일관성 비판

한 편의 글에는 대개의 경우 하나의 주제의식이 밀도있게 표현되어 있다. 그런데 어떤 글은 주제에 대한 저자의 입장이 명확하게 정리되지 않았거나, 저자가 편견이나 선입견에 빠져서 그 문제를 바라보거나, 지나치게 자기 의견에 열중해서 자신과 차이를 보이는 입장에 대해서는 미처 생각하지 못한 경우도 있다. 따라서 한 편의 글이 시작되는 지점에서 끝날 때까지 하나의 논리가 일관되게 흐르고 있는지, 문제를 바라보는 저자의 관점이 흐트러지지는 않았는지 등등을 살피면서 글을 읽어야 한다. 글에서 표현되는 주제를 곧이곧대로 따라가다가는 자칫 그 글에서 저자가 범하고 있는 오류를 독자도 동일하게 되풀이할 수 있기 때문이다.

**예문**

　　제주도 사람의 입장에서 남해(南海)는 틀린 말이다. 그들에게는 '북해 (北海)'다. 왜 박완서는 '제3세계' 문학이고, 괴테는 '세계' 문학인가? '유 색 인종'은, 흰색은 하나의 색이 아니라 색의 기준이 된다는 백인 우월주 의의 표현이다. 왜 한국의 프로야구 최종 결선은 '코리안 시리즈'인데, 미 국은 아메리칸 시리즈가 아니라 '월드 시리즈'인가? 한국어나 영어에서 만남(meet)은 본다(see)는 것을 의미하는데("또 봐요."), 이는 시각 장애인을 배제한 말이다. 남성에게 성교는 삽입이지만 여성에게는 흡입이다. 사례 를 들자면 끝이 없다.

　　우리가 자연스럽게 사용하고 있는 거의 모든 말은 백인, 남성, 중산층, 성인, 비장애인, 이성애자, 서울 사는 사람의 시각에서 구성된 것이다. 중 립적인 말, 누구에게나 적용될 수 있는 보편적인 언어는 존재하지 않는 다. 특히, 남성의 관점은 가장 오랫동안 지속되어 왔고, '피해' 집단도 가 장 광범위하다. 또한 성차별은 다른 사회적 억압의 모델을 제공하여, 사 회적 약자는 여성으로, 강자는 남성으로 성별적으로 재현되기도 한다. 여 성주의가 중요한 것은 성차별이 가장 중요한 모순이어서가 아니라, 지배 −피지배의 관례를 제공하기 때문이다.

— 정희진 『페미니즘의 도전』

　　이 글은 다소 낯선 발상으로 시작하고 있다. '남해'는 항상 '남해'였을 뿐 제주도를 중심으로 볼 수도 있다는 점은 일상적인 관점은 아니다. 그리고 이러한 발상은 얼핏 보기에는 여성문제와는 전혀 관련이 없을 것으로 생각된다. 그러나 글 의 논리를 따라가다 보면 제3세계/세계, 유색인종/백인종, 코리안 시리즈/월드 시리 즈 등의 어휘들이 이분법적 사고에 근거한 것이며, 이것은 모두 '백인, 남성, 중산 층, 성인, 비장애인, 이성애자, 서울 사는 사람'을 중심으로 하여 세상을 바라봤을 때 붙일 수 있는 이름이라는 것을 알게 된다. 따라서 글의 말미에 가면 보편적인 언어로 보이는 '남해'라는 말도 남해를 바라보는 지점이 달라지면 그에 대한 명칭 역시 달라지듯이 남성과 여성을 둘러싼 보편적인 언어들도 지배−피지배의 관계에서 바라보면 그 의미가 명확해진다는 사실을 주장하고 있는 저자의 입장을 파악할 수 있다.

대부분의 글은 위 예문에서와 같이 주제를 전달하기 위해서 여러 가지 사례나 예화를 활용한다. 이때 사례나 예화를 제시하는 과정에서 글의 논리가 다른 방향으로 전개되지는 않는지 유의해야 한다. 이처럼 전혀 관련이 없어 보이는 두 개의 내용이 한 편의 글 속에서 어떤 방식으로 결합하는지, 그 결합이 자연스러운지 혹은 논리의 일관성을 담고 있는지를 살피면서 읽어야 한다.

## 2) 적절성 비판

글을 읽을 때는 어휘 선택은 잘 되었는지, 문장 구성은 정확한지, 의미에 맞는 용어를 사용하고 있는지를 살펴야 한다. 어휘 선택과 문장 구성은 그 글의 문법적인 면에서의 적절성을 따지는 것이다. 의미에 맞는 용어 사용의 여부를 비판하는 것은 그 글의 전체적인 논리와 관련하여 용어의 적절성을 묻는 것이다. 어휘 선택이나 용어 사용에 동의할 수 없거나 그 의미를 이해하지 못하게 되면, 그 글의 전반적인 내용에 대한 동의나 이해는 불가능하다. 그렇기 때문에 적절성에 대한 비판은 글 전체 내용에 대한 이해에 선행되어야 하는 독서 절차이다.

> **예문**
>
> 현 사회에서는 자신이 가지고 있는 것만으로는 인정받기 힘들다. 그러므로 선전용 허풍으로 자신을 과장해야만 하는 압박감을 갖게 되는 것이다. 이러한 압박감을 허세 콤플렉스라고 우리는 정의한다.
>
> 여성들에게는 순종과 겸손이 미덕으로 자리잡아 이러한 미덕(?)을 가진 여성에게는 '여성적'이라는 찬사가 주어지고 자신의 의견을 주장하고 능력을 나타내려고 하는 여성에게는 '잘난 여자는 밥맛없어'라는 비틀어진 눈길을 받는다. 그래서 자신의 의사보다는 주위의 어른이나 오빠, 남편의 의견을 존중하고 따라야 한다는 착한 여자 콤플렉스를 갖게 된다.
>
> 이에 반해 남성들은 여성과의 관계에서는 주도적이어야 하고 남성들

과의 관계에서는 우월해야 하는 경쟁심리를 가지고 있다. 신문이나 잡지의 한 구석에서 읽은 글 몇 줄을 가지고 자신의 의견인 양 열변을 토하는 남성은 내심 박식한 사람으로 인정받음을 기뻐한다. 그러나 이러한 기쁨의 이면에는 상대방이 사실을 눈치챌까봐 초조해 하는 초조감이 함께 존재한다.

젊은 남녀가 추운 겨울에 데이트를 할 때 남성이 자신의 여자 친구를 위해 웃옷을 벗어주는 모습을 우리는 충분히 보았기 때문에 쉽게 상상할 수 있다. 똑같이 추운 상황에서도 남성은 남자는 이 정도 추위쯤은 쉽게 견딜 수 있다는 것을 보여주어야 하기 때문에 춥다는 소리도 못하고 이때 여자가 눈치도 없이 길목에 쭈그리고 앉아 얘기를 좀더 하자고 한다면 참담한 기분을 느낄 것이다. 그리고는 웃으면서 씩씩하게 여성을 보내주고 집에 돌아와서야 혼잣말로 눈치없는 여자를 원망하게 될 것이다.

물론 이러한 모습은 연애시절의 추억으로 소중하게 간직할 수도 있는 이야기이다. 이 속에서 어떤 문제를 발견한다는 것이 억지 같아 보일 수도 있다. 우리는 그러한 면을 가지고 시비를 논하자는 것은 아니다. 그러나 이러한 작은 생활 속의 행동에서부터 남성들은 자신을 인정하지 못하고 속일 수밖에 없는 강박관념을 갖고 있다는 것을 함께 생각해보고 싶다.

— 여성모임 사량, 『남성연구』

▶ 이 글에서는 '허세 콤플렉스'라는 용어가 핵심어로 제시되고 있다. 이것은 남자들이 사회적으로 괜찮은 남성으로 인정받기 위해 가지게 되는 여러 가지 강박관념을 표현하는 용어 중의 하나로 제시되었다. 그렇다면 사회적으로 인정받고자 하는 압박감으로 인해 자신의 특성이나 능력을 과장되게 부풀리는 남성들의 행동양상, 혹은 사고방식을 '허세 콤플렉스'라는 용어로 규정하는 것이 적절한지를 따져봐야 한다. 우리가 흔히 이러한 행동양식에 대해 '허세 부린다'는 표현을 사용하며, 이는 대부분의 경우 여성보다는 남성의 행동양식을 표현하는 어휘인 것을 볼 때 크게 무리한 용어 규정은 아닌 것으로 판단할 수 있다. 이에 대한 여성의 콤플렉스,

능력이 뛰어나다고 해도 그 능력 있음을 잘난 척해서는 안 되는 여성들의 콤플렉스는 흔히 착한 여자 콤플렉스라고 하는데, 그에 준하는 남성들의 콤플렉스로 허세 콤플렉스를 대비하는 것은 적절한지 또한 따져봐야 한다.

### 3) 타당성 비판

타당성에 대한 비판은 한 편의 글 속에서 주장의 객관성을 증명하기 위해 동원된 사례 또는 논거의 타당성을 묻는 독서 절차이다. 논증의 과정에서 가장 대표적이면서도 일반적으로 사용되는 방식은 연역적 추리와 귀납적 추리이다. 연역적 추리와 귀납적 추리는 정반대의 논리 전개 과정을 따르지만, 두 방식 모두 사례나 논거를 활용한다는 공통점이 있다. 이때 제시되고 있는 사례 또는 논거가 주장을 전달하는 데에 타당한지, 또한 거기에서 판단이나 결론 또는 주장을 이끌어 내는 과정이 과연 타당하게 진행되는지 따져 물어야 한다.

> 예
> 문

여성은 흔히 '곰과 여우', '본처와 애첩', '성녀(聖女)와 성녀(性女)', '어머니와 창녀'로 구분되지만, 남성은 그렇지 않다. 가부장제 사회에서 남성의 계급과 정체성은 경제력이나 사회적 지위에 따라 결정되지만, 여성의 지위는 몸/성에 따라 정해지기 때문이다. '정숙한 여성'과 '문란한 여성'이라는 말은 있지만, '정숙한 남성'과 '문란한 남성'이라는 말은 없다. 여성 사회운동가가 이혼했다고 해서, "통일의 꽃인가, 분열의 꽃인가?", "코트의 요정 알고 보니, 이혼녀?" 등의 신문 기사들은, 여성의 사생활은 남성의 경우보다 더 문제시되며, 이혼남보다는 이혼녀가 더 비난받아야 함을 노골적으로 드러내고 있다. 영어에는 존댓말이 없는데도, 외화 번역 자막에 남성은 반말로 여성은 존댓말로 표현하는 것도 성차별이다.

— 정희진 『페미니즘의 도전』

▷이 글은 일상생활 속에서 흔히 사용되는 어휘들을 비판적으로 고찰해 봄으로써 일상 언어가 얼마나 남성중심적으로 편재되어 있는지를 주장하고 있다. 여기에서 제시된 사례들은 모두 우리사회의 구성원이라면 누구나 익숙하게 들어왔고, 또한 사용하고 있는 어휘들이다. 아마도 많은 독자들은 이러한 어휘들이 너무도 익숙하게 일상화되어 있기 때문에 저자가 제안하는 시각에 반감을 가질 수도 있다. 하지만 여기에서 의미하는 타당성 비판이란, 저자의 주장을 수용할 수 있는지 없는지를 평가하는 단계는 아니다. 그것은 글을 읽은 후 과정이다. 따라서 여기에서는 글 속에서 제시되는 사례나 논거가 글의 내용과 일치하는지 그렇지 않은지를 평가해야 한다.

실전연습 1

아래 글을 읽고 지시에 따라 비판해 보자.

불가사의한 몸매를 자랑하는 바비인형은 그 인기가 여전히 대단하다. 바비인형은 소녀들로 하여금 자신에 대해 영원히 불만스러워 하게 하는데 중요한 역할을 했다. 바비는 20세기가 만들어낸, 이룰 수 없는 환상이다. 다른 시대 여성들의 자아 역시 마찬가지다. 18인치의 잘록한 허리에 풍성한 드레스, 두툼한 패드를 집어넣어 한껏 강조하던 엉덩이, 중국의 전족 풍습, 그리고 이와 유사한 서구의 하이힐, 낭만파 화가들의 풍만한 누드화(실제로는 당시 대부분의 여성들은 영양실조로 고생했다) 등에 의해 조롱당해 왔다. 심지어 중세 시대의 성모 마리아상도 인간의 몸을 한 어떤 여성도 영원히 얻을 수 없는 동정녀 마리아상으로 나타난다.

우리 시대에도 식욕부진이나 거식증 같은 식사 장애의 희생물이 되어가는 사춘기 소녀들이 적지 않다. 이는 그들 자신이 바비인형보다 못하다며 스스로를 비하하는 것이 원인이기도 하다.

동시에 바비는 옷장은 꽉 찼으나 머리는 텅 빈, 아름답지만 심성이

곱지 않은 여성의 상징이 되어 왔으며, 이와 비슷하게 군인 인형 죠는, 무엇보다 평화가 요구되는 세상임에도, 군사적 공격야욕을 멈출 줄 모르는 남성상을 상징하고 있다. 이런 점에서 인형들은 우리 문명에 대해 할 말이 많은 듯이 보여진다.

— 바바라 G. 워커, 『흑설공주 이야기』

**01** 이 글을 평가하기 위해 이 글의 내용에 대한 비판적 문제 제기의 단서를 생각해 보자.

**02** 이 글을 비판하기 위해 더 알아야 할 정보들은 무엇인지 생각해 보자.

**03** 일관성, 적절성, 타당성을 기준으로 하여 이 글을 평가해 보자.

• 일관성 비판

• 적절성 비판

• 타당성 비판

아래 글을 읽은 후에 세 가지 기준 중 하나를 택해 아래 글을 평가해 보자.

　　19세기 중반, 지구상에서 가장 폐쇄적인 나라 중 하나였던 조선은 제국주의가 주도하는 세계체제의 재편 과정에서 예외일 수 없었다. 조선 사회는 미국을 비롯한 서양 제국주의와 일본을 통해 처음으로 세계와 접하게 되었고, 이 와중에서 민족의 부국자강을 이루는데 핵심적인 문제로 등장한 것이 바로 근대교육이었다.

　　특히 '국권상실'의 위기 앞에서 개화한 지식인들은 한 번도 집단적인 주체로 살아본 적 없는 '조선 여성'에게 국가에 대한 남녀동등의 책임을 맡긴다. 바야흐로 '인간' 대접을 받지 못하는 '조선 여자'의 상황은 조선의 야만성과 비문명성을 보여주는 상징이 되고, 부녀자의 '개화 여부'가 국가자강과 민족독립을 좌지우지할 만큼 중요한 문제로 떠오르게 된 것이다.

　　조선 사회에서 지식인 행세를 하기 위해서는 언론 지면을 통해 '공식적으로' 여성교육의 필요성을 이야기해야 했다. 멀리는 한말의 유길준과 박영효로부터, 「독립신문」의 서재필, 이광수, 주요한, 김기진 등의 문학가들까지 가세해 여학교를 설립하고 여성을 교육해야 한다고 주장했다.

　　그러나 여성도 교육받아야 한다고 지식인들이 목소리를 높이고, 교육을 통한 신분상승의 욕구로 자식 교육에 열을 올리는 부모가 많아졌다 해도, 딸을 학교에 보내는 것은 여전히 '자연스러운 일'이 아니었다. 지식인 남성들이 여성교육의 목적을 "국가자강과 민족독립을 위한 개명한 현모양처를 키워내는 것"에 두었던 것은, 새롭게 구축되고 있었던 근대적 성별 분업을 근본적으로 문제 삼지 않았음을 보여준다.

　　여성교육의 목적은 어디까지나 "집안일을 과학적으로 잘 수행하고 미래의 독립 일꾼이 될 자녀를 잘 교육시키는" 현모양처를 길러내는 것이었기 때문에 '남성교육'과는 그 내용이 달라야 했다.

　　근대 여성교육의 제도적 상황 또한 여성이 계속 교육받는 일을 '낯설게' 만들었다. 1930년대에 들어서도 여학교의 수는 남학교의 3분의 1

에도 못 미쳤고, '현모양처'를 길러내는 것을 목적으로 하는 여학교에서는 재봉이나 수예, 요리 등 가정일에 필요한 과목만을 가르쳤다.

개화한 집안이라 하더라도 '딸 교육은 여학교까지만'이라는 방침을 지켰고, 따라서 여학교 졸업 후 전문학교에 진학하거나 유학을 가고 싶어하는 딸과, 얌전히 가사일 배우다가 좋은 조건으로 혼인하길 바라는 부모와의 갈등은, 이 시기 여성교육을 둘러싼 하나의 '레퍼토리'가 되어갔다. 여성에 지식이 필요하다면 그것은 가정일을 더 잘 수행하고 남편을 더 잘 내조하기 위한 것일 뿐, 세계를 확장하는 창조적 과정으로 받아들여지지 않았기 때문이다.

— 여성사연구모임 길밖세상, 『20세기 여성사건사』

## 2. 외적 준거에 따른 비판

### 전략 익히기

외적 준거에 따른 비판은 내적 준거에 따른 비판에 비해 지적 에너지를 더 많이 소모할 수도 있다. 텍스트에 담긴 사상과 감정을 이해하되, 이를 텍스트 외부의 요인과 연결시켜야 하기 때문이다. 외적 준거에 따른 비판에서 요구되는 인용된 자료의 출처, 글을 쓴 시기, 글에서 빠진 내용 등등은 텍스트 자체가 알려주지 않은 정보이다. 따라서 외적 준거에 따른 비판이 제대로 이루어지기 위해서는 원칙적으로 정확한 정보가 독자의 머릿속에 다양하게 저장되어 있어야 한다.

그렇지만 외부적인 정보가 없다 하더라도 글 자체에 의심의 단서가 담겨있는 경우가 많다. 그러므로 이 단서들을 포착하여 새로운 정보를 확인하는 절차를 거치면 어려운 일도 아니다. 이 단원에서는 글 내부에 있는 여러 단서들을 포착하여 새로운 정보를 확인하고 이를 바탕으로 비판적으로 읽는 연습을 해 보기로 하자.

### 1) 신뢰성 비판

인간은 누구나 자신의 관점에서 자료를 보고 자신의 관점에 부합하는 정보를 선택적으로 기억하는 경향이 있다. 신뢰성에 대한 비판이 필요한 이유는 바로 여기에 있다. 글에 대한 신뢰는 필자의 전문적 식견에서 비롯된다. 그러나 더욱 중요한 신뢰성의 요건은 참고한 자료의 신뢰성이나 제시된 정보의 신뢰성이라 할 수 있다. 아무리 전문적인 식견을 가진 필자라 하더라도 적절하지 못한 자료나 정보를 제시할 수 있기 때문이다.

### (1) 자료에 대한 신뢰성

　　국력은 독서력과 비례하며 독서력은 독해 속도가 빠른 한자에서 나온
다. 는 시각성이 있고 표의성이 있어 책 읽기가 편리하다. <u>출판사 협회의
조사에 의하면 조사 인원의 84%가 한자를 섞어 쓴 책이 읽기 편하다고 본
다.</u> 정보 시대에는 이 시각성과 표의성을 살려야 한다. 또 한자는 조어력이
풍부하다. 워드프로세서에 입력된 한자 2천 자로 낱말 5만 개를 만들 수 있
다고 한다.

　　▷ 이 글에서는 출판사 협회의 조사 결과를 인용하고 있다. 그러나 이 조사
가 언제, 누구를 대상으로 이루어진 것인지를 밝히지 않았다. 시대 변화에 따라 선
호하는 표기도 달라질 것이고, 세대나 학력에 따라서도 선호도가 달라지므로, 이에
대한 정보를 확인하지 않고서는 인용한 조사 결과를 신뢰할 수 없다.

(2) 정보에 대한 신뢰성

　　화석연료와 원자력으로부터 벗어나서 재생 가능 에너지를 이용하는
것을 '에너지 전환'이라고 부른다. 에너지 전환의 궁극적인 목표는 우리
가 사용하는 에너지를 모두 재생 가능 에너지로부터 얻어 앞으로 닥칠
에너지 고갈 사태에 대비하며 기후 변화를 막자는 것이다. 에너지 자원
이 화석연료와 원자력밖에 없을 것으로 생각하던 사람들은 에너지 전환
이 과연 가능하겠는가 하는 의문을 품을 수도 있다. 가장 큰 의문은 재
생 가능 에너지로 현재 우리가 소비하는 에너지를 모두 공급할 수 있겠
는가, 그리고 우리가 재생 가능 에너지원을 이용할 수 있는 기술을 충분
히 가지고 있는가 하는 점일 것이다.
　　재생 가능 에너지는 지구상에 골고루 존재한다. 재생 가능 에너지원
을 이용할 수 있는 기술은 현재 아주 다양하게 개발되어 있다. <u>재생 가
능 에너지원이 풍부하게 존재하고 그것을 이용하는 기술도 개발되어 있
기 때문에, 에너지 전환이 성공할 가능성은 우리가 마음먹기에 달려있다.</u>

이 글에서는 에너지 전환의 두 가지 조건으로 재생 가능 에너지의 존재와 그 에너지원의 이용 기술을 꼽고 있다. 그리고 이 두 가지 조건이 다 갖추어졌으므로 에너지 전환은 '마음먹기'에 달려 있다고 했다. 그런데 재생 가능 에너지가 충분히 있다는 점은 쉽게 인정할 수 있지만, 그 에너지원을 이용하는 기술도 '충분히' 개발되어 있는가 하는 점에 대해서는 의문을 품을 수 있다. 두 가지 조건이 모두 갖추어졌는데도 왜 에너지 전환이 이루어지지 않는가 하는 질문을 던져 보면, 기술 개발이 충분히 이루어지지 않았을 가능성이 있을 것이라는 추리가 가능하기 때문이다. 혹 그렇지 않다면 두 가지 조건 외에 또 다른 조건이 요구되는 것은 아닌가 하는 의문도 던져 볼 수 있다. 이러한 의문들은 모두 정보가 풍부하지 못한 데서 생기는 신뢰성에 대한 의문에 포함된다.

## 2) 효용성 비판

엄밀하게 말해 전혀 효용이 없는 글이란 있을 수 없다. 다만 효용성의 정도가 독자에 따라 다를 뿐이다. 모든 글이 모든 독자에게 동일한 효용을 가지는 것은 불가능하다. 독자들의 배경 지식이 제각각이므로 동일한 정보도 독자에 따라 효용이 다르기 때문이다. 그러나 여기서 말하는 효용성 비판은 글의 역사성을 고려한 가치 평가를 뜻한다. 100년 전의 주장도 역사성을 고려하면 여전히 효용성을 가질 수 있는가 하면, 오늘 신문에 실린 글도 효용 가치가 없는 주장에 그칠 수도 있다. 효용성 비판은 이처럼 글의 역사적 맥락을 고려하면서 이루어져야 한다.

백인들이 언젠가는 발견하게 될 한 가지 사실을 우리는 알고 있습니다. 즉 당신네 신과 우리의 신은 같은 신이라는 사실입니다. 당신들은 당신들이 우리의 땅을 소유하고 싶어하는 것처럼 신도 당신들이 소유하고 있다고 생각할지도 모릅니다. 그러나 그럴 수는 없습니다. 그것은 인간들의 신입니다. 그리고 신의 연민은 인디언이나 백인들에게 동등합니다. 이 대지는 신에게 소중한 것입니다. 그리고 대지를 해치는 것은 조물주에 대한 모독입니다. 백인들도 역시 소멸할 것입니다. 아마 다른 종족들보다 더 먼저 소멸할지도 모릅니다. …<중략>… 백인들의 도시에는 조용한 곳이라곤 없습니다. 아무데서도 봄바람에 흔들리는 나뭇잎 소리며 벌레들이 날아다니는 소리를 들을 수 없습니다. 그러나 아마 내가 야만인이어서 이해를 못하기 때문이겠지만 소음은 내 귀를 상하게 합니다. 만일 사람이 쏙독새의 아름다운 울음소리나 밤의 연못가에서 개구리의 울음소리를 듣지 못한다면 인생에 남는 것이 무엇이겠습니까?

— 수와미족 시애틀 추장, 「신세계에 보내는 메시지」

▷ 백인들에게 삶의 터전을 빼앗길 상황에 처한 인디언 추장이 백인들에게 보내는 글이지만, 오늘날의 우리에게도 커다란 울림을 주는 글이다. 자연과 인간의 관계에 대한 성찰을 담고 있는데, 우리에게 그릇된 편견이나 고정관념을 반성할 수 있는 계기를 마련해 주기 때문이다.

### 3) 공정성 비판

모든 글에는 필자의 주관이 개입되게 마련이다. 대상에 대한 평가는 물론 자료의 취사선택도 필자의 특정한 관점에 입각해서 이루어진다. 따라서 순전히 객관적인 글을 쓰는 일은 불가능하다. 공정성 비판은 이와 같이 일반적인 수준에서 이루어지는 주관적 요소를 가려내는 일이 아니라, 필자가 의도적으로 어떤 편향을 보이고 있는가, 특정한 편견에 사로잡혀 주장을 펼치고 있는 것은 아닌가를 따지는 것이다.

　　고교 평준화 정책은 당초 의도와는 달리 하향 평준화로 학생들의 학력을 떨어뜨리고 공교육을 무력화시키는 부작용을 초래했다. 평준화 교실에서는 구성원 간의 이질성 증대로 상하위권의 3분의 2의 학생을 제외한 중위권의 3분의 1의 학생만을 위해 교육을 하게 돼 학생들의 학력이 떨어질 수밖에 없었다. 이러한 하향 평준화 현상으로 학교 교육은 무력화되고 그 자리를 사교육이 광적으로 메워가는 교육의 주객전도(主客顚倒) 현상이 발생한 것이다.

　　이런 점에서 평준화의 실험은 사실상 실패로 끝났다고 할 수 있다. 그럼에도 경쟁력을 확보할 수 없는 평준화에 집요하게 매달리는 것은 일종의 국가적 자살행위라 하겠다. 이는 평준화를 전 면적으로 폐지하자는 것이 아니라 현실적으로 직면한 평준화 정 책의 부작용과 한계를 조금이라도 극복하자는 것을 의미한다. 정부 역시 평준화 정책의 골간은 유지하되 특성화된 고교를 확대하여 개성화 교육과 수월성 교육을 추진해 나가는 방안을 모색하게 됐고, 자립형사립고 역시 같은 맥락에서 점차적으로 확대하여 가기로 한 것이다.

　　▶ 이 글은 평준화 정책이 실패했으므로, 이를 극복하기 위해서는 개성화 교육과 수월성 교육을 추진해야 한다는 주장을 펼치고 있다. 평준화 정책의 실패를 입증해 주는 것이 하향 평준화라는 결과라고 했다. 그런데 이는 평준화 정책에 대한 일각의 평가일 뿐이고, 이와 상반되는 연구 결과도 있을 수 있다는 점을 고려한다면, 이러한 근거와 주장은 설득력을 잃는다. 실제로 "평준화 지역 학생들이 비평준화 지역 학생보다 학업성취도 및 고교 3년 동안의 성적 향상률이 더 높다"라는 연구 결과도 있다.

아래 글을 읽고 지시를 따라 비판해 보자.

무엇보다도 21세기의 인류는 인구 증가와 산업 발전, 그리고 그로부터 야기되는 환경오염과 환경훼손 등의 제반 현상들에 대하여 스스로 성찰할 수 있는 능력을 지니고 있다는 점을 우리는 새삼 인식할 필요가 있다. 다시 말해서, 발달된 교통통신 기술에 힘입어 전세계 인류가 손쉽게 의사소통을 할 수 있게 되었다는 점에 대해서 우리는 주목할 필요가 있다는 것이다. 이제 전세계 모든 나라와 국민들이 함께 인류의 미래에 대하여 진지하게 의견을 나누고 또 필요하면 힘을 한 데 모을 수 있는 능력을 갖게 되었는 바, 1992년에 개최된 리우 환경정상회의는 바로 이런 인류의 결집을 상징적으로 보여주는 사건이었다. 근래에 이르러 범지구적 환경 문제들의 극복을 위해서 각종 국제협약들이 활성화되고 또 규제가 점점 더 강력해지고 있다는 사실 또한 환경적으로 보다 건전한 미래 구현을 위한 인류 공동의 투자라고 할 수 있다. 이런 노력들이 인류의 미래를 밝게 한다.

특히 발달된 과학기술은 환경오염물질의 배출을 줄이고 이미 훼손된 환경을 복원하는 일을 용이하게 만들고 있다. 지난 반세기 전과 비교해서 휘발유 1리터로 자동차가 주행할 수 있는 거리는 4배나 증가하였으며 1톤의 철강생산에 소요되는 에너지의 양 또한 3분의 1로 감소했다. 농약과 비료 사용량은 과거보다 훨씬 많아진 것이 사실이지만 식량 1kg 생산에 사용되는 농약과 비료의 양은 1980년대를 고비로 점차 감소하고 있으며 농약의 환경위해도는 10년 전과 비교해 10분의 1에도 못 미칠 정도로 개선되었다. 과학기술이 발달하면 할수록 환경보전의 가능성은 점점 더 커진다는 것이 지난 세기의 역사가 보여주는 교훈이다.

**01** 이 글을 평가하기 위해 이 글의 내용에 대한 비판적 문제 제기의 단서를 생각해 보자.

**02** 이 글을 비판하기 위해 더 알아야 할 정보들은 무엇인지 생각해 보자.

**03** 신뢰성, 효용성, 공정성을 기준으로 하여 이 글을 평가해 보자.

• 신뢰성 비판

• 효용성 비판

• 공정성 비판

아래 글을 읽은 후에 세 가지 기준 중 하나를 택해 위의 글을 다시 평가해 보자.

(가) 역사 속에는 한때 찬란했던 문명이 환경 파괴로 인해 완전히 소멸된 사례가 많이 있다. 지금도 사하라 사막 같은 곳을 발굴해 보면 오랜 전에 고도로 발달했던 도시 문명의 흔적을 찾을 수 있다고 한다. 경제의 성장만을 최선으로 여겨왔고 그 노력의 결과 어느 정도 윤택함을 누리고 있는 우리는 그러한 진보가 하루아침에 무참하고 허망하게 쓰러질 수 있다는 사실을 제대로 실감하지 못한다. 그러나 지금 인류의 미래를 조금이라도 멀리 내다보는 지구인이라면 위기감을 갖지 않을 수 없을 것이다. 1992년 브라질 리우에서 열린 세계 환경 회의, 그리고 국제기구 및 민간단체들 사이에 활발하게 맺어지고 있는 다양한 협약들은 그러한 파국을 미리 막으려는 국제적 노력이다.

환경 문제는 더 이상 저 바깥에 있는 이슈가 아니다. 가해자와 피해자를 가리고 진상을 규명하여 보상해준다고 해결되는 문제가 아니다. 궁극적으로 우리의 세계관과 생활양식이 바뀌지 않으면 안 된다. 지금 범지구적으로 드러나고 제기된 환경 문제는 바야흐로 우리의 삶과 방향 전환을 촉구하는 메시지로 변환되어 다가오고 있다. 그래서 지금까지 당연시되어온 것들을 새로운 눈으로 들여다볼 것을 요구한다.

- 김찬호, 『사회를 보는 논리』

(나) 우리가 살아남고, 다음 세대들의 이 조그마한 행성 위에서 삶을 향유할 수 있게 하려면 탐욕이 아니라 자연의 순리가 사람살이의 척도가 되는 세상을 향해 조금이라고 나아가기를 염원하고 노력하는 수밖에 다른 선택이 없다. 대량생산과 소비체제, 장거리 유통구조, 거대산업과 권력의 중앙 집중, 관료주의 학교와 병원의 위계질서, 형행 제도, 비대화하는 도시 공간, 황폐화하는 농촌, 과학기계영농, 자가용에 의존하는 교통체계—도대체 이런 것들이 지탱 가능한 생활방식인지 따져 보아야 한다. 환경에 대한 인식이 높아진다 해도 그것을 자신의 일상생활

과 관련짓지 못한다면 그런 인식은 헛된 것일 뿐이다. 생명가치를 인식하고 그것을 조금이라도 선양할 용의가 있다면 지금 우리가 탐닉해 있는 문명의 안락과 편의의 많은 부분을 포기해야 한다. 이것을 그대로 두고 환경 재난을 피하려 하는 것은 불가능한 것을 바라는 일이다.

하기는 산업문화의 압력 밑에서 이것을 정면으로 파악하는 데 필요한 능력과 용기를 잃지 않는다는 것은 어려울지 모른다. 자가용차를 몰고 다니면서 환경 문제를 걱정해도 안 될 것은 없겠지만, 그것은 어쩐지 부자연스러운 연결이라는 느낌을 주는 것이다. 많은 사람들은 자동차의 사회적·생태학적 부담을 인식하면서도 이것을 포기하지 못한다. 자동차는 어쨌든 이제 돌이킬 수 없는 운명이라고 생각하는지도 모른다.

— 김종철 「환경 위기의 내면 구조」

# 7장

읽은 후 활동
　－정보 가치 살리기

 기초 다지기

　글을 읽고 난 후에는 읽은 내용의 의미와 가치를 자기 것으로 내면화하는 활동이 필요하다. 이것을 독서 후 활동, 혹은 줄여서 독후 활동이라 한다. 독후 활동은 독서에 대한 성취감을 맛볼 수 있게 하기 위한 활동으로, 독서를 통해 자신의 삶을 주도적으로 이끌어 갈 수 있는 문제해결력과 함께 바른 인성을 함양하고 삶의 질을 높일 수 있게 하는 데 목적이 있다. 독후 활동의 의의는 책을 읽은 후 자신에게 필요한 지식과 정보를 선택하고 활용할 수 있는 창의력을 기르는 한편 자기 스스로 자신의 능력에 알맞은 과제를 선택하여 계획을 세우고 실천할 수 있는 자기 주도적 독서 능력이 자라나게 하는 것이다. 그러기 위해서 독후 활동에서는 다음과 같은 점에 유의해야 한다.

　첫째, 책을 읽고 난 후의 생각들을 분석하고 종합할 수 있어야 한다.

둘째, 책 속에 들어 있는 화제나 문제들에 대해 반응할 수 있어야 한다.

셋째, 책의 내용과 자신의 생각과의 관련성을 인식할 수 있어야 한다.

넷째, 사고력을 확장할 수 있어야 한다.

다섯째, 정보를 조직적으로 습득하는 한편, 기억에 오래 남을 수 있어야 한다.

여섯째, 스스로 또 다른 책을 찾아 읽을 수 있어야 한다.

쏟아지는 정보의 홍수 속에서 독자는 부적절한 정보나 유해한 정보를 분별할 수 있는 안목이 있어야 한다. 이러한 안목은 독서 내용의 중요한 생각에 대해 깊이 있게 사고하거나 다른 독자들과 반응을 공유하는 데서 가장 쉽게 얻어질 수 있다. 그런데 독후 활동에서 무엇보다 중요한 것은 '책 또는 독서의 즐거움'을 느끼게 하는 독서 체험을 만들어야 한다는 것이다. 다시 말하면 독후 활동에서는 어느 한 가지 방법만이 최선이 아니라, 책의 종류에 따라 다양한 방법으로 독자들의 흥미를 불러일으키도록 유의해야 한다.

읽은 책이 어떤 것인가에 따라 독서 후의 활동도 달라져야 효과를 볼 수 있다. 독서 후에 이루어지는 대화나 토론 과정 혹은 독서 기록 또는 독후감상문 등의 독후 활동은 도서자료의 종류에 따라 달라져야 한다. 동화나 소설 등의 문학 작품이라면 줄거리를 함께 이야기해 본다든지, 등장인물에 대해 생각해 보면 될 것이지만 과학책이나 역사책이라면 퀴즈 문제를 풀어 보면서 습득한 지식이나 정보를 서로 확인하는 방법이 더 효과적일 수 있다.

책을 읽고 난 후 가장 먼저 해야 할 활동은 책에 관한 이야기를 나누는 것이다. 대화나 토론이 내용의 이해를 돕는 가장 효과적인 방법이기 때문이다. 독자들끼리 서로 충분히 이야기를 한 다음에는 독서 기록단계로 들어가 책의 내용이나 줄거리, 자신의 생각이나 느낌을 간단히 기록하는 것이 바람직하다. 전통적인 독후 활동으로 이루어져 왔던 독후감상문 쓰기는 부담이 큰 독서 기록이기 때문에 가장 마지막 단계로 미루는 것이 좋다.

독후 활동에는 여러 가지가 있는데 규범적으로 할 수 있는 독후감 쓰기를 비롯하여 질문 만들기, 중심내용 찾기, 요약하기, 개인적인 반응 이야기하기 등이 가장 보편적으로 이루어질 수 있다. 좀 더 창의적인 독서 표현 활동으로는 대립 척도표 만들기, 인물 분석 카드 만들기, 플롯(plot) 조직표 작성하기, 벤다이어그램으로 정리하기, 책 개요표 만들기, 세계 문화망 만들기, 창작 활동하기, 편지 쓰기, 퍼즐이나 게임 혹은 퀴즈 만들기, 독서 토론하기, 독서 신문 만들기, 드라마 역할 놀이, 미술 활동, 스토리텔링하기, 책 광고문안 만들기 등이 있다.

## 1. 자기화하기

 전략 익히기

책을 읽는 순간에는 그 내용을 즐기고 감동을 받지만 책을 읽고 난 후 한참의 시간이 흐르면 책 제목이나 책 내용의 일부분만 기억에 남는 경우가 많다. 자신이 읽은 글을 제대로 기억하고 효과적으로 활용하기 위해서는 책을 읽고 난 후에 자기화하는 과정이 필요하다.

자기화란 독서를 통해 입수한 정보가 머릿속에서 제대로 인식되어서 그것과 관련된 경험을 하게 되는 경우에 언제든지 영향을 미칠 수 있거나 스스로 문제를 해결할 수 있는 방법을 손쉽게 찾을 수 있을 정도가 되는 것을 말한다. 예를 들어 '사랑'의 의미와 방법, 가치 등에 대해 읽었다면 이를 마음속에 확실히 자리잡게 함으로써, 실제로 '사랑'을 경험하게 되었을 때 자기 나름대로의 생각과 판단을 가지고 올바르게 행동할 수 있도록 한다는 것이다.

'자기화'하는 방법으로는 크게 책의 요점을 기억하는 것과 책의 내용을 다르게 다시 써 보는 활동이 있다. 요점을 기억하는 방법으로는 책의 내용을 요약하기, 도표로 정리하기, 마인드 맵 작성하기, 인상적인 글귀 메모해 두기 등이 있다. '다시 쓰기' 하는 방법으로는 베끼기가 가장 일반적이나 장르를 바꾸어 일기 쓰기, 편지 쓰기, 시로 표현하기 등의 활동으로 읽은 내용을 재구성해 볼 수 있다.

## 1) 요점 기억하기

요점을 기억하는 방법으로 가장 널리 쓰이는 것은 메모하기이다. 메모는 momorandum의 약자 memo로 통용되는 바, 잊지 않기 위해서 요점을 간략히 적어두는 일을 말한다. 독서량이 많아질수록, 독서 내용을 처리하면서 독서를 통해 입수된 정보와 지식을 활용하고자 하는 욕구도 커질 수밖에 없다. 이 때 메모는 독서를 자기화하는 자기계발서로 기능할 수 있다.

메모에는 특별한 종류나 형식이 없지만 메모의 목적과 주제를 설정해 놓으면 점차 그에 맞는 구조와 흐름이 만들어진다. 독서한 내용을 메모할 때는 인상 깊은 구절을 그대로 옮겨놓을 수도 있고, 그와 더불어 자신의 느낌이나 순간적으로 떠오른 아이디어를 함께 적어놓을 수도 있다.

독후 활동으로서의 메모는 독자의 취향과 필요에 따라 다양하게 이루어질 수 있다. 독서한 내용의 가치를 구분하여 메모하는 경우는 중요도에 따라 우선순위를 정하여, '반드시 기억해야 할 내용', '기억하면 좋을 내용', '잊어도 되지만 버리기는 아까운 내용' 등으로 구분하여 정리할 수 있다. 또는 항목별, 주제별, 키워드(핵심단어)별, 이미지별, 출판년도별, 독서 계절별 등으로 구분하여 메모해 놓을 수 있다. 메모는 수첩이나 노트를 활용할 수도 있지만 카페, 블로그, 홈페이지를 구축해서 사용하는 것도 좋은 방법이다.

다음은 블로그를 활용한 메모이다. 서지사항을 어떻게 정리했는지 잘 살펴보자. 서지사항은 보통, 저자, 책이름 혹은 글 제목, 소제목, 출판사, 출판년도 순으로 적는다. 서지사항은 독자의 필요에 따라 달라질 수 있지만, 저자와 책이름은 반드시 메모해 놓아야 한다.

NAME » 류수열                    DATE » 2005.09.01 17:51

FILE NAME »                    SCRAP » 0

                                    📩답글  📋목록

## 문학의 가치와 효용

NAME » 류수열                    DATE » 2006.07.14 12:58

FILE NAME »                    SCRAP » 0

---

<아리랑>에서 "나를 버리고 가시는 님은 십 리도 못 가서 발병 난다."고 했을 때는 떠나는 임에 대한 저주와 원망을 나타낸다. 나를 버리고 가는 임에게 저주를 퍼부어야겠는데, 맘이 약해져서 발병 정도의 순화된 악담으로 마무리하는 것이다.

이에 비해 <진달래꽃>의 화자는 임을 '꽃을 환송하듯' 보내겠다고 한다. '보내겠다'는 미래형으로 되어 있으니, 떠나고 싶을 때는 막지 않겠지만 있는 동안 마음 놓고 사랑해달라는 뜻으로 보인다. 이 경우 꽃을 뿌리는 환송은 자신을 짐스럽게 여길지도 모르는 임에 대한 전략이 된다.

또한 임이 떠나는 고통을 내면화함으로써 그것을 달래보고자 하는 위안의 방식으로 보이기도 한다.

다른 한편으로는 가겠다는 사람은 내버려두라는 것이 곧 붙잡아두는 최선의 방법임을 깨달은, 경험적 진실의 반영일 수도 있다.

혹은 만발한 진달래꽃 사이에서 질러보는, 낭만적인 포즈라고 볼 수도 있다.

유종호 「임과 집과 길」, 『세계의 문학』 (1977년 봄)

스크랩

.COMMENT

다음 예문을 읽고 인상적인 부분을 메모해 보자.

## 나라마다 다른 골뱅이 이름

흥미롭게도 프랑스와 이탈리아 사람들은 우리와 비슷하게 @를 '달팽이'라고 부른다. 역시 이 두 나라 사람들은 라틴계 문화의 뿌리도 같고 디자인 강국답게 보는 눈도 비슷하다. 그런데 독일 사람들은 그것을 '원숭이 꼬리'라고 부른다. 그리고 동유럽 폴란드나 루마니아 사람들은 꼬리를 달지 않고 그냥 '작은 원숭이'라고 부른다. 그러니까 나라가 달라지면 @의 모양이 원숭이 꼬리로 보이기도 하고 원숭이의 귀나 항문으로 보이기도 하는 모양이다.

그런데 더욱 이상한 것은 북유럽의 핀란드로 가면 '원숭이 꼬리'가 '고양이 꼬리'로 바뀌게 되고, 러시아로 가면 그것이 원숭이와는 앙숙인 '개(소바카)'로 둔갑한다는 사실이다.

아시아는 아시아대로 다르다. 중국 사람들은 점잖게 쥐(鼠)에다 노(老)자를 붙여 '라오수(小老鼠)' 또는 '라오수하오(老鼠號)'라 부른다. 일본은 쓰나미의 원조인 태풍의 나라답게 '나루토(소용돌이)'라고 한다. 혹은 늘 하는 버릇처럼 일본식 영어로 '앳 마크'라고도 한다.

아무리 봐도 달팽이나 원숭이 꼬리로는 보이지 않는다. 더구나 오리, 개, 그리고 쥐 모양과는 닮은 데라곤 없는데도 그들의 눈에는 그렇게 보이는 모양이니 문화란 참으로 신기한 것이다. 그러니 글로벌 스탠더드라는 것이 참으로 어렵고 황당하다는 생각이 든다.

그런데 팔이 안으로 굽어서가 아니라 30여 개의 인터넷 사용국 중에서 @와 제일 가까운 이름은 우리나라의 골뱅인 것 같다. 골뱅이의 윗 단면을 찍은 사진을 보여주면 모양이나 크기까지 어느 나라 사람이든 무릎을 칠 것 같다. 더구나 e메일의 @으로 찌개를 끓여먹을 수 있는 것은 오로지 한국의 골뱅이 뿐이다.

@을 '앳 사인'이라고 부르는 미국인들이 디지털적 논리를 반영한

것이라면, 한국의 골뱅이는 시골의 맑은 냇물을 연상시키는 시각에
찌개의 얼큰한 미각까지 느끼게 하는 아날로그적 발상과 감성의 산물
이다.

— 이어령, 『디지로그』

## 01 인상적인 부분

## 02 서지사항

**03** 나의 느낌/떠오르는 생각

---
---
---
---
---
---
---
---

## 2) 다르게 다시 쓰기

사람들은 독서를 하면서 '이 부분에서는 이렇게 했으면 좋았을 텐데'라는 생각
을 하기도 한다. 내용을 다르게 다시 쓰는 활동은 다른 사람의 글을 읽기만 하고
끝내는 것이 아니라 남의 글을 토대로 하여 나의 생각을 좀 더 구체적으로 하게
함으로써 독서의 내용을 자기화하는 방법이다. 다르게 다시 쓰는 방법으로는 패러
디를 하거나 결말 바꾸어 쓰기, 중간 내용 바꾸어 또 다른 결말 예상하기 등이 있
고 아예 글의 장르를 바꿈으로써 새로운 창작을 모색하는 활동도 있다. 소설을 만
화로 바꾼다거나 시를 편지글로 바꾸는 것이 그것이다. 글의 장르 바꾸기 외에도
문체 바꾸기, 형식 바꾸기 등의 활동으로 다르게 다시 쓰기를 실행할 수 있다.

다르게 다시 쓰기 위해서는 읽은 글에 대한 올바른 이해가 선행되어야 한다. 설
령 독서를 하면서 제대로 내용을 파악하지 못한 채 다르게 다시 쓰기를 시도했다
하더라도 다시 쓰기를 하면서 거듭 거듭 돌이켜 독서한 내용을 다시 제대로 살피

지 않으면 다시 쓰는 글을 이어 나가기 어렵다. 결과적으로 다르게 다시 쓰기는 꼼꼼한 독서를 유도하는 효과적인 방법이 되고 있다.

## 점순네 닭의 관점에서 본 동백꽃

점순네 닭의 침묵.

점순네 닭은 갔습니다.

아아, 내 닭을 못 살게 쪼아대던 점순네 닭은 갔습니다.

내 닭이 점순네 닭의 부리에 쪼이던 고통스런 순간은 차디찬 티끌이 되어서

한숨의 미풍에 날아갔습니다.

날카로운 점순네 닭 부리의 추억은 주인에 의해 고추장을 먹어야만 했던

내 닭의 운명의 지침을 돌려놓고 뒷걸음질 쳐서 사라졌습니다.

나는 점순네 닭의 쪼임에 눈멀고 매운 고추장에 귀 먹었습니다.

닭의 일은 사람의 일이 아니라 만날 때 미리 떠날 것을 염려하고 경계하지 아니하였지만

점순네 닭의 죽음은 뜻밖의 일이라 놀란 가슴은 새로운 희망에 터집니다.

그러나 언제 점순의 횡포가 시작될지 모르는 까닭에 걷잡을 수 없는 슬픔을

새 고통의 정수박이에 들어부었습니다.

나는 감자 두 알에 핀 사랑을 알고 있습니다.

나는 노란 동백꽃에 필 사랑을 믿습니다.

아아, 점순네 닭은 갔지만, 점순의 나를 향한 사랑의 마음은 가지 아니하였습니다.

점순과 나의 사랑의 노래는 죽은 점순네 닭의 침묵을 휩싸고 돕니다.

— <인터넷 자료>

▶ 위의 예문은 김유정의 단편소설 「동백꽃」을 한용운의 시 「님의 침묵」으로 패러디하여 다시 쓰기 한 글이다. 이 글은 소설 「동백꽃」에 등장하는 '닭'에 초점을 맞춤으로써 보통 주인공 중심으로 소설을 읽는 관행을 비켜 서 있다. 이러한 '다시 쓰기'를 하기 위해서는 소설 「동백꽃」과 시 「님의 침묵」에 대한 꼼꼼한 독서가 선행되어야 한다. 따라서 다시 쓰기는 좀 더 확장되고 심화된 독서를 유도하는 장점이 있다.

아래 글을 읽고 지시를 따라 다시 써보자

## '잡종 영화'로서의 와호장룡

P에게

네가 <와호장룡>을 재미있게 보았을 줄 알았어. 나는 이 영화를 극장에서 두 번 보고 DVD를 사서 다시 한 번 봤단다. 여러 번 봐도 여전히 재미있더라.

네게는 교룡(장즈이 분)의 성장과 로맨스가 가장 흥미로웠나보구나. 교룡과 마적단 두목 소호(장진 분)의 로맨스는 영화의 중요한 축을 이루고 있지. 그렇지만 그에 못지않은 비중을 가지고 영화를 관통하는 테마가 리무바이(주윤발 분)와 수련(양자경 분) 사이의 절제된 사랑이겠지? 그런데 이 두 쌍의 연인들의 운명의 교차가 재미있지 않니? 평생 득도를 꿈꾸며 참고 인내하던 리무바이와 수련은 리무바이가 운명할 때 삶에서 열정이 얼마나 중요한 것인가를 깨닫게 되고, 천방지축 열정을 쫓으면서 살았던 용과 호는 결국 영화의 마지막에서 인내와 절제의 중요성을 알게 되니까. 교룡이 천 길 낭떠러지에서 뛰어내리는 마지막 장면은 이 두 테마가 어느 한쪽으로 기울지 않고 균형을 이루게 하려는 감독의 의도일지 몰라. 이안 감독은 마지막 장면에 대해 함구하면서 이를 관객의 해석에 맡겨둔다고 하지? 너는 여기 대해서 어떻게 생각해?

— 홍성욱, 『하이브리드 세상 읽기』

01 위 글은 편지글 형식으로 쓴 영화비평문이다. 이 글을 설명문 형태의 영화 비평문으로 다시 써 보자.

제목 :

**02** 위 편지에 답장을 써 보자.

님께

_____

_____

_____

_____

_____

_____

_____

_____

_____

_____

_____

_____

_____

## 2. 획득 정보 활용하기

 전략 익히기

독서를 통해 획득된 정보는 사고 활동을 거쳐 심화되거나 고도화 과정을 거친 뒤 또 다른 표출로 이어져 가치를 파생할 수 있어야 한다. 뿐만 아니라 입수된 정보는 삶의 순간순간에 봉착하게 되는 다양한 문제들을 해결하는 데 유용하게 활용될 수 있다.

획득된 정보를 활용하기 위해서는 객관적으로 받아들인 정보를 나의 세계관으로 끌어들여 주관화하는 일이 필요하다. 책이나 글에서 제시된 내용을 정확하게 파악하는 것이 정보의 객관화라면 정보의 주관화는 글쓴이의 주장이나 글쓴이가 제시한 근거에 대해 비판적으로 읽어가면서 나의 생각을 일깨우는 것이다. 다른 사람의 글이 나의 세계관이나 가치관에 자극을 주거나 변화를 일으키게 한다면 그것은 입수된 정보를 효과적으로 객관화한 사례가 될 것이다.

획득된 정보를 활용하는 구체적인 방법으로는 독서록 작성하기, 정보 공유하기, 정보 적용하기 등이 있다. 이러한 방법들은 독서의 가장 심화된 형태이자 사회가 요구하는 진정한 실력을 쌓는 길이기도 하다.

### 1) 독서록 작성하기

독서록은 흔히 책을 읽기 시작한 날짜와 다 읽은 날, 책 이름, 지은이, 독서 내용, 독서 후 나의 생각과 느낌 등을 기록하는 독서록 노트를 말한다. 그런데 책을 읽을 때마다 독서록을 작성해야 한다는 것이 오히려 마음으로 큰 부담이 된다면 역효과가 날 수도 있다. 이에 독서록은 기존의 독서록 노트를 작성하는 규범적인 방식이나 관례적인 독서록의 분량에서 벗어나 자기만의 방식대로 즐겁고 신나는 독서록을 작성할 수 있어야 한다.

독서록은 일기의 형태로 쓰일 수도 있고 간단한 메모, 읽은 책에 대한 간단한 시, 편지 등의 형태로 기록할 수도 있다. 독서를 통하여 얻을 수 있는 정보의 유형은 매우 다양하기 때문에 독서록을 작성할 때에도 자신이 필요로 하는 정보 중심으로 기록해야 한다.

실전연습 1

아래 글을 읽고 규범적인 독서록을 작성해 보자.

## 호수

월든 호수의 경치는 그 규모가 수수하며 매우 아름답기는 하나 웅장하다고 할 수는 없다. 그리고 자주 와본 사람이나 그 호숫가에 살아본 사람이 아니면 깊은 관심을 갖지 않는다. 그러나 이 호수는 너무나 맑고 깊기 때문에 자세하게 묘사할 만한 가치를 지니고 있다. 이 호수는 길이가 반 마일에다 둘레의 길이가 1 3/4마일에 이르는 맑고 깊은 초록빛의 우물이며 61에이커 반쯤 되는 넓이를 가지고 있다.

소나무와 떡갈나무 숲의 한가운데에 자리잡고 있는 영원한 샘물로서 구름과 증발에 의한 방법 외에는 특별히 눈에 띄는 유입구나 유출구가 없다. 호수를 둘러싼 산들은 수면에서 40피트 내지 80피트의 높이로 가파르게 치솟아 있다. 그러나 동남쪽과 동쪽에 위치한 산들은 1/4마일과 1/3마일의 거리에서 각각 100피트와 150피트의 높이에 이르고 있다. 이 일대는 완전한 삼림 지대이다.

콩코드의 모든 강과 호수들은 적어도 두 가지의 색깔을 가지고 있는데, 하나는 멀리서 본 색깔이며 다른 하나는 가까이서 본, 좀 더 본래의 색깔이다. 첫 번째 색깔은 빛에 많이 좌우되며 하늘의 색을 따른다. 여름날 청명한 날씨에 그리 멀지 않은 거리에서 청색으로 보인다. 특히 물결이 일고 있을 때는 더욱 그러하다. 그러나 멀리 떨어져서 볼 때는 모두 똑같은 색깔이다. 폭풍우가 부는 날씨에는 때로는 어두운 청회색을 띤다.

월든 호수는 똑같은 관측 지점에서 보더라도 어떤 때는 청색으로 어떤 때는 초록색으로 보인다. 하늘과 땅 사이에 놓인 이 호수는 양쪽의 색깔을 다 가지고 있는 것이다. 언덕 위에서 보면 호수는 하늘의 색을 반영하고 있지만 가까이에서 보면 모래가 보이는 호숫가의 물은 누런 색조를 띠고 있으며, 조금 더 깊은 곳은 엷은 녹색, 그리고는 점차로 색이 전해져서 호수의 중심부를 포함한 대부분의 물은 한결같이 짙은 초록색이다. 빛의 상태에 따라서는 언덕 위에서 보더라도 호숫가 근처의 물이 선명한 초록색일 때가 있다. 어떤 사람들은 이것은 우거진 숲이 반영된 것이라고 한다. 그러나 모래가 깔린 철로둑 옆의 호숫물도 초록색이니, 그것은 단순히 기본색인 청색이 모래의 노란색과 뒤섞인 결과일지 모른다. 바로 이것이 월든 호수가 눈(眼)이라면 그 홍채(虹彩)에 해당하는 부분의 색깔이다. 이 부분이 또한 봄에 호수 바닥으로부터 반사된 태양열과 땅을 통해 전해진 태양열로 인하여 얼음이 맨 처음 녹아서 아직도 얼어 있는 중심부 둘레에 좁은 운하를 만드는 부분이다.

우리 마을의 다른 호수나 강처럼 월든 호수도 맑은 날씨에 물결이 일 때에는, 수면이 태양빛을 직각으로 반사하기 때문인지 또는 수면 자체에 섞인 빛의 양이 더 많기 때문인지는 모르나, 아직도 약간 떨어져서 보면 하늘색보다 더 짙은 푸른색으로 보인다. 그런 때 호수의 수면 위에 자리를 잡고서는 물위에 비친 그림자를 보기 위해 '따로 따로 나누어진 시선'으로 보면 물결무늬의 비단, 즉 빛에 따라 색깔이 변하는 비단이나 칼날에서 말하는 것 같은 비할 데 없는 밝은 청색을 보게 된다.

— 헨리 데이빗 소로우, 『월든』

| 기록한 날짜 | 년 | 월 | 일 | 날씨 |
|---|---|---|---|---|
| 책이름/글 제목 | | 지은이 | | |
| 읽기 시작한 날 | | 다 읽은 날 | | |
| 독서 횟수 | | 페이지 | | |

읽 고 나 서

## 2) 정보 공유하기

독서는 정보를 얻기 위한 가장 기본적인 수단이며 독서를 통하여 얻을 수 있는 정보의 유형은 매우 다양하다. 독서는 학문적인 정보에서부터 정치, 경제, 사회, 문화 현상에 대한 올바른 식견과 안목을 갖추는 데 필요한 정보뿐만 아니라 인간의 정서와 미적 가치에 대한 경험의 폭을 확장하는 데 필요한 정보에 이르기까지 다양한 유형의 정보를 얻을 수 있게 한다.

하지만 현대인에게 필요한 정보의 양은 상상을 초월할 정도로 많다. 이러한 정보를 모두 얻기 위해서는 물리적으로 시간적 여유가 부족하다. 따라서 현대인들에게 더 절실히 필요한 것은 '정보의 공유'이다. 자신이 알고 있는 정보를 표출하여 전달하고 또 필요한 정보를 얻으면서 현대인의 삶은 더 풍요롭고 윤택해 질 수 있다. 그렇다면 정보를 공유하는 방법에는 어떤 것들이 있을까? 여러 가지 정보 공유 방법을 소개하면 다음과 같다.

- 책 소개하기
- 읽은 책 내용 발표하기
- 낭독회
- 독후감 돌려 읽기
- 서평 또는 리뷰 쓰기
- 독서 클럽 조직하기
- 독서 토론회 참가하기
- 독서 신문 만들기
- 독서 편지 주고받기
- 독서 달력 만들기
- 동화 구연 대회
- 독서 방송 청취하기
- 극화(역할놀이)
- 퍼즐을 이용한 독서 감상 표현

-마인드 맵을 이용한 독서 감상 표현
-블로그 또는 개인 홈피를 통한 독서 감상 표현
-책 광고 작성하기
-책에 대한 감상문 이어 쓰기
-인상 깊은 구절이나 글을 모아 책자 만들기
-작중인물에 대한 모의재판
-도서 소개문 스크랩하기
-우량도서 전시회
-우량도서/불량도서에 대한 모의 간행물 심사

실전연습 1

독서 홈피를 만들어 운영하고자 한다. 다음 지시문에 따라 홈피를 만들어 보자.

| 독서 홈피 이름 | |
| :---: | :--- |
| 이름의 의미 | |
| 메뉴 | |
| 홈피 소개글 | |

독서 홈피 내용

독서 토론을 실시하고자 한다. 다음 지시문에 따라 독서 토론안을 작성해 보자.

[ _____을(를) 읽고 ]

| 독 서 토 론 안 | | | | | | | | | |
|---|---|---|---|---|---|---|---|---|---|
| 토론일시 | 월  일 | 참가자 : | | | | | | | |
| 필독도서 | 도서명 | | 지은이 | | | 출판사 | | 출판년도 | |
| 토론 주제 | 1.<br>2.<br>3.<br>4.<br>5. | | | | | | | | |
| 독서토론<br>진행전략 | 토론 모형 | 대좌식<br>토론 | 원탁식<br>토론 | 자유<br>토론 | 패널<br>토론 | 방청석<br>토론 | 전화<br>토론 | 컴퓨터<br>토론 | |
| | | | | | | | | | |
| 조직 운영 | 예시) 전체-개인-모둠-전체-개인-전화-컴퓨터-방청석-전체 | | | | | | | | |
| 토론 자료 | 1.<br><br>2.<br><br>3.<br><br>4.<br><br>5. | | | | | | | | |

## 3) 적용하기

독서 내용이 독자 개인뿐만 아니라 대중적으로 혹은 사회적으로 좀더 전문적인 활동에 적용될 수 있다면 금상첨화이다. 여러 가지 적용이 가능하지만 이 글에서는 책 광고와 독서퀴즈대회만 소개하기로 한다.

먼저 독서 내용을 책 광고에 적용하는 경우를 생각해 보기로 하자. 신문이나 잡지에 실리는 책 소개 광고는 우리가 읽고 싶은 책을 선택하는 데 요긴한 자료가된다. 특히 책 광고에 실리는 작품의 간단한 줄거리나 짧은 해설, 작가의 간단한약력 및 작품 경향 등은 책을 읽고 올바르게 이해하는 데도 많은 도움을 준다.

그런데 이러한 책 소개 광고를 만들기 위해서는 작품 내용뿐만 아니라 작가와 작품 경향, 관련 내용에 대한 충분한 이해가 있어야 한다. 바로 이 점에 착안하여 자신이 읽은 책이나 글을 책 광고로 만들어 보면 작품에 대한 깊이 있는 감상과 이해를 유도함은 물론이려니와 독후감 쓰기를 대신하면서도 정보를 자기화하고, 다른독자들과 공유하며 정보를 실생활에 적용할 수 있는 효과적인 활동이 될 수 있다.

책 광고를 위해서는 가장 먼저 광고할 작품과 작가에 대한 정확한 이해가 선행되어야 한다. 좋은 책 광고를 위해서는 나름대로의 관점과 깊이가 있어야 함은 물론이다. 광고 문구는 작품의 특징을 잘 나타낼 수 있는 한두 문장 정도의 재치 있는 소개글이 필요하다. 광고에는 기성 작가나 비평가, 유명 인사, 유명 단체의 간결한 평가도 곁들이면 좋다. 또 작품의 내용이나 특징을 살려 줄 수 있는 그림, 사진등 시각적으로 작품을 느끼게 하는 자료도 같이 싣는다. 그 밖에 작가에 대한 간단한 소개, 책의 가격 등도 빠지지 않아야 한다.

신문에 낼 책 광고를 만들고자 한다. 다음 지시문에 따라 광고 문안을 만들어보자.

| 광고 날짜 | 년 | 월 | 일 |
| --- | --- | --- | --- |
| 책이름 | | 지은이 | |
| 출판사 | | 페이지 | |
| 책 광고 문구 및 삽화 | | | |

독서 후에 정보를 적용하여 활용할 수 있는 또 다른 방안으로는 독서 퀴즈가 있다. 독서 퀴즈는 많은 독자들에게 파급력이 커서 독서를 장려하고 독서한 내용을 정확하게 이해하도록 돕는 역할을 한다. 이 방법은 독서 내용을 환기시키면서도 나만의 편협한 생각에 갇혀 미처 깨닫지 못했던 독서 내용이나 독서 방법을 새롭게 터득할 수 있는 기회가 되기도 한다.

독서퀴즈대회를 실시하고자 한다. 다음 지시문에 따라 퀴즈 문항을 작성해 보자.

# 독서퀴즈대회 문제

## A. 예선 문제

다음 글을 읽고 아래 답안지에 맞으면 O, 틀리면 X로 표시하시오.

1.
2.
3.
4.
5.

## B. 본선 문제

1.
2.
3.
4.
5.

## C. 왕중왕전 문제

다음 문제 중 2문제를 선택하여 답안지를 작성하시오. 답안을 작성할 때는 전화 찬스를 활용할 수 있으며, 주어진 조건에 맞게 작성해야 합니다.

1.
2.
3.
4.
5.

3부
# 장르별 독서 방법

8장

# 신문 읽기
## –사건 기사, 사설 및 칼럼

### 기초 다지기

신문은 매일매일 많은 양의 정보를 제공해 준다. 신문에서 제공되는 정보는 양도 많고 종류도 매우 다양하다. 신문의 기본적인 역할은 새로운 정보를 정확하고 객관적으로 전달하는 일이다. 그러나 실제로는 모든 신문 기사가 객관적인 정보를 전달하는 역할을 하는 데에서 그치는 것은 아니다.

신문은 특정한 사건에 대한 사회적 관심을 불러일으키거나 여론을 환기시키기도 한다. 그때 각 신문사의 입장이나 기사를 작성하는 기자의 주관적이거나 개인적인 의견이 개입할 가능성이 있다. 사설이나 칼럼과 같은 논설 기사의 경우는 특정 신문사나 특정 개인의 입장과 논지를 밝히는 것이 자연스럽다. 탐방 기사나 대담 기사는 그 기사를 작성하는 기자의 개인적인 느낌이나 소감을 전달하는 것이 허용된다. 그렇다고 하더라도 기사 내용 중에 잘못 전달되거나 왜곡된 내용은 없는지 잘 살피는 것이 필요하다. 특히 보도 기사와 같이 특정 사건에 대한 객관적인 사실만을 전달해야 하는 기사에도 주관이 개입되지는 않았는지 잘 판단해야 한다.

엄밀하게 말하면 어떤 사건을 가장 주요한 기사로 다룰 것인지를 결정하는 과정에서도 주관적인 판단이 작용한다고 할 수 있다. 또한 각 신문사는 다양한 종류의 신문 중에서 독자에게 선택되기 위해 충격적이거나 선정적인 기사를 채택하기도 한다. 그렇기 때문에 수많은 신문 기사 중에서 알짜 정보를 골라내기란 그리 만만한 일이 아니다.

신문 기사는 일반적으로 육하원칙에 의해 작성된다. 즉 '누가(Who), 언제(When), 어디서(Where), 무엇을(What), 어떻게(How), 왜(Why)'라는 6개의 항목에 따라 기술하는데, 이는 정보 전달에 기본적으로 필요한 요소이기도 하다. 따라서 6개의 항목을 염두에 두면서 기사를 읽어내려 가는 것이 기사의 내용을 정확하게 파악하는 데 도움이 된다. 그와 동시에 기사의 내용에 주관적 판단이 개입되지는 않았는지 유의하면서 읽어야 한다.

## 전략 익히기

신문 기사를 작성하는 일반적인 원칙은 1H5W이다. 누가, 언제, 어디서, 무엇을, 어떻게, 왜 했나 라는 항목은 신문 기사가 반드시 지켜야 할 규율이다. 따라서 신문 기사를 읽을 때에도 이러한 원칙에 따라서 읽으면 내용 파악이 수월해진다. 신문 기사의 내용은 대개의 경우 표제와 부제만으로도 대략적인 내용은 짐작할 수 있다.

요즘은 종이 신문뿐만 아니라 인터넷 상에서 전자 신문으로도 기사가 제공된다. 각 포털 사이트마다 실시간 뉴스 기사를 무료로 제공하고 있으며, 여러 종류의 전자 신문도 발행되고 있다. 포털사이트를 통해 제공되는 각 신문사의 뉴스 기사나 전자 신문은 모니터를 통해 독자에게 기사가 전달된다. 그러다 보니 기사 작성자는 모니터를 촘촘하게 메우고 있는 활자들 중에서 독자의 시각을 단숨에 사로잡기 위해 노력한다. 어떤 때는 표제를 보고 짐작한 내용이 정작 본문을 읽어보면 엉뚱한 경우도 있다. '톱스타 ○○○ 결혼'이라는 표제를 보고 클릭을 했는데, '출연 중인 드라마에서 상대역 ○○○와'라는 식의 부제를 보고 허탈해 한 기억이 있을 것이다.

심지어는 신속, 정확을 생명으로 하는 사건·사고 기사나 객관적인 보도가 관건인 정치·사회 기사에서도 그런 경우는 심심치 않게 발견된다. 따라서 뉴스 기사를 읽을 때에는 객관적 사실과 주관적 판단이나 주장을 면밀하게 분석하고 그에 대한 자신의 입장을 정리할 수 있어야 한다.

## 1. 객관적 사실 확인

신문 기사의 내용을 파악하기 위해서는 '육하원칙'에 따른 질문을 던지고 그 질문들을 하나하나씩 해결하면서 읽는 것도 좋은 방법이다.

> 그 사건의 주체는 누구(Who)인가?
> 언제(When) 발생한 사건인가?
> 어디서(Where) 벌어진 사건인가?
> 사건의 주체가 행한 일은 무엇(What)인가?
> 사건은 어떻게(How) 진행되었는가?
> 왜(Why) 그 사건이 발생하였는가?

물론 기사문의 종류나 내용에 따라서는 6개의 항목이 모두 명확하게 드러나지 않기도 한다. 어떤 경우는 한, 두 항목이 생략되기도 하고, 어떤 경우는 의도적으로 혹은 특정한 이유 때문에 문면에 드러내지 않기도 한다. 위와 같은 질문에 대한 해답을 찾아가면서 기사를 읽다보면 기본적인 내용과 그러한 기사를 보도하는 의도까지 파악이 가능해진다.

# "부모가 좋아"··· 일본 캥거루족 급증

일본에서 나이가 들어서도 부모 곁을 떠나지 않고 붙어사는 '캥거루족'이 늘고 있는 것으로 나타났다. <u>일본 국립사회보장·인구문제연구소가 2004년 전국 1만 711가구를 대상으로 조사해 21일 발표한 가구동태조사를 보면,</u> 가구당 인구수는 평균 2.8명으로 최저치를 기록했다. 2인 가구는 28.7%로 5년 전 조사 때보다 조금 늘어난 반면, 4인 가구는 18.1%로 조금 줄었다.

부모와 함께 사는 자녀의 비율은 크게 늘었다. 30~34살 남성의 절반에 가까운 45.4%가 부모와 동거(기혼자 포함)하는 것으로 나타났다. 같은 연령층 여성의 부모 동거율은 33.1%였다. 5년 전에 비해 남성은 6.4%포인트, 여성은 10.2%포인트 늘어난 수치다. 25~29살 남성의 부모 동거율은 64%, 여성은 56.1%로 조사됐다. 부모를 모시고 사는 기혼자들도 있지만, 상당수는 독신으로 부모로부터 주거와 가사 지원을 받는 캥거루족으로 추정된다.

연구소는 이에 대해 미혼 또는 만혼 현상으로 분가하는 시기가 늦어진 것 외에, 비정규 고용이 늘어나 독립하고 싶어도 <u>경제적으로 안정되지 않아 부모에게 의지하는 젊은 세대가 늘어났기 때문인 것으로 분석했다.</u>

― 박중언 <한겨레신문>, 2006. 7. 23.

▶ 위 신문 기사는 한 연구소의 연구 결과를 전달하는 보도 기사이다. 위 기사 내용을 육하원칙에 따라 정리해 보면, '일본 국립사회보장·인구문제연구소가(누가) 21일(언제) 가구동태조사 결과를(무엇을) 발표했다(어떻게)'가 된다. 가구동태조사의 결과에 해당하는 가구당 인구수의 증가, 부모와 함께 사는 자녀의 비율 증가, 이러한 현상에 대한 연구소 측의 분석 내용 등은 모두 '무엇을'의 하위 항목으로 정리된다. 이처럼 위 기사에는 '어디서'와 '왜' 항목이 제시되어 있지 않은데, 이는 통계

조사 결과에 관한 기사의 일반적인 경향이다. 이는 통계조사를 발표한 장소가 어디인지를 군이 밝힐 필요가 없고, 왜 이러한 통계조사를 했는지는 말하지 않아도 당연히 사회현상에 대한 이해를 위한 것임을 독자들이 알고 있기 때문이다.

그런데 위 기사에서 실질적으로 중요한 내용은 누가 이러한 조사를 했는지보다는 조사 내용, 즉 '무엇을'에 해당하는 항목이다. '무엇을'에 해당하는 내용은 다시 한 번 육하원칙에 의해 정리할 수 있다. 이를 간단하게 요약하면 '캥거루족이(누가) 경제적으로 안정되지 않기 때문에(왜) 증가하고 있다(어떻게)'가 된다. 여기에는 '일본 전역'을 대상으로 한 조사이기 때문에 군이 '어디서'를 밝힐 필요가 없고, '요즘'의 사회현상에 대한 분석이기 때문에 '언제'를 명시하지 않아도 되기 때문에 기술되지 않았다.

이처럼 위의 기사는 '일본 국립사회보장·인구문제연구소는 21일 경제적으로 부모에게 의지하는 캥거루족이 증가하고 있다는 가구동태조사 결과를 발표했다'는 내용을 전달하고 있다. 그렇다면 그 다음 단계로 신문사가 '왜' 이러한 내용의 기사를 보도하고 있는지를 추측해 볼 수 있다. 그 단서는 '무엇을'에 들어 있다. 신문사가 일본의 조사 결과를 보도하는 이유는, 일본 청년층의 부모 의존도가 점점 높아지고 있는 실태를 전달함으로써 청년인구의 실업률이 증가하고 있는 한국의 경제상황에 대한 사회적 관심을 환기시키고자 한 것이라 추측해 볼 수 있다. 이와 같이 육하원칙을 활용하여 3단계를 거쳐 정리하면 기사의 내용이 간단·명료하게 정리된다.


## 2. 주관적 주장 파악

신문 기사 중에서 '왜(Why)'에 해당하는 내용은 신문사의 입장이나 기사를 작성한 기자의 판단이 개입하게 된다. 그 사건이 일어난 이유나 근거는 사건 자체가 제시하는 것이 아니라, 그 사건을 바라보는 사람의 해석이기 때문이다.

어떤 신문 기사는 '왜' 항목이 명확하게 제시되어 있지 않은 경우도 있다. 군이 말하지 않아도 누구나 알 수 있는 이유는 쉽게 생략된다. 그 사건에 대한 해석을 명시했을 때 사회적 파장이 예상되는 경우 '왜' 그 사건이 일어났는지에 관한 내용은 문면에 숨겨두기도 한다. '왜'에 해당하는 항목을 명시하지 않는 것은 그 나름대로 신문사의 전략이기도 하다. 따라서 내용과 의도를 정확하게 파악하고, 그에 대한 독자의 가치판단 기준을 명확하게 하는 것이 필요하다.

신문 기사 중에서 '사설'은 특별대우를 받는다. 종합 해설면에 가거나 맨 끝 면에 자리하거나, 아무튼 독자들의 눈길이 많이 가는 곳에 자리한다. 실제로 독자들에게 사설이 주는 영향력은 상당하다. 자신이 구독하는 신문의 사설을 주의 깊게 읽고 난 뒤 어떤 사회적 문제에 대하여 자신의 태도를 결정하는 독자들이 상당수에 이른다. 물론 우리 신문들의 사설 수준이 과연 그런 판단에 걸맞은지에 대해서는 많은 독자들이 회의적이겠지만, 어쨌든 신문들의 사설이 지닌 영향력은 정부의 정책을 좌지우지할 만큼 크다.

사설(社說)이란 사전적 의미로 신문이나 잡지에서 글쓴이의 의견을 써 내는 논설이다. 사설은 날마다 일어나는 여러 사건들 가운데 각 신문사가 그날 하루 가장 중요한 사안이라고 판단한 부분에 대해 신문사의 시각을 명백히 밝히는 지면이다. 따라서 사설을 읽을 때에는 객관적 사실에 대한 그 신문사의 해석이나 판단을 분명하게 가려내고 그 입장의 옳고 그름에 대해 고민한 뒤에 수용할 필요가 있다. 한 신문사의 사설이 가지고 있는 입장이 과연 객관적인지, 혹시 편협한 것은 아닌지를 판단하기가 쉽지 않을 때에는 동일한 사건을 다루고 있는 다른 신문사의 보도 기사나 사설, 해설 기사 등과 비교해 보는 것이 좋다.

# 다시 한 번 뼈를 깎는 자기반성 하겠습니다.

'안기부 X파일'이라는 문건이 사회적으로 큰 파문을 일으키고 있는 오늘, 중앙일보는 참담한 심정으로 국민과 독자 앞에 송구스럽다는 말씀을 드리지 않을 수 없습니다. 중앙일보는 정치, 경제, 사회 권력의 감시를 통해 밝고 정의로운 사회의 실현에 동참해 왔다고 자부했습니다.

그러나 문제의 문건에 홍석현 전 사장이 지난 한 시대의 정치적인 악습에 관련된 것으로 되어 있습니다. 사안의 중대성에 비춰 중앙일보는 이 문건의 사실 여부에 대한 당국의 조사에 앞서 국민에게 사죄의 말씀을 드리고 뼈를 깎는 반성을 다짐합니다.

홍 전 사장은 올 2월 주미대사로 임명되면서 중앙일보 회장직을 사퇴했습니다. 그렇다고 중앙일보가 이 문제와 전혀 상관없다고 할 수는 없습니다. 그래서 더욱 고통스러운 것입니다.

돌이켜보면 1997년 대선 때의 문제로 중앙일보가 겪어야 했던 고초는 말할 수 없이 컸습니다. 대선에서 승리한 김대중 정권은 중앙일보를 압박해 왔고, 그 결과 홍 전 회장은 1999년 탈세 혐의로 구속되기에 이르렀습니다. 말이 '보광 탈세' 사건이지 사실은 선거에서 상대 진영을 도왔다는 괘씸죄였습니다. 이번에 불거진 파일의 내용과 연관이 된 것입니다.

홍 전 사장 본인도 그때 공개적인 사과와 반성을 했습니다. 그로 인해 감옥까지 갔습니다. 그렇다면 일사부재리 원칙이 있듯이 대가는 이미 치렀다고 보아줄 수도 있습니다. 물론 당사자는 끝없는 반성과 자기 성찰을 해야 합니다. (그렇다 하더라도 억울한 점도 있을 것입니다.)

존폐의 위기를 맞았던 중앙일보는 시련을 견뎌냈습니다. 상처를 견디며 한발 더 성숙하는 계기로 삼았습니다. 관행처럼 여겨졌던 정·언 유착의 굴레를 벗어나지 못하면 참다운 언론으로 바로 설 수 없다는 엄숙한 교훈도 체험했습니다. 이런 경험을 바탕으로 중앙일보는 2002년 대선에서 객관적이고도 공정한 보도를 위해 노력했습니다.

그 결과 대선에서 승리한 후보도, 패배한 후보도 중앙일보의 정치적

중립성에 대해서는 인정했습니다. 제2 창간 10년을 맞은 2004년 3월 22일에는 중앙일보가 과거의 잘못에 대해 반성하고 불편부당과 시시비비를 가리는 언론의 고유 업무를 게을리하지 않을 것임을 다짐했습니다. ("때로는 정파적 이해에 끼어들고… 몸을 낮춰 자숙하면서 같은 잘못을 되풀이하지 않도록 배전의 노력을 기울일 것"이라고 선언했습니다.)

그럼에도 불구하고 안기부 X파일의 내용이 마치 '지금의 중앙일보'의 모습인 것처럼 폄하하는 일부의 움직임에 대해서 안타까움을 금할 길 없습니다. 과거의 잣대로 현재의 중앙일보를 보려 하기 때문입니다.

8000여 개의(*최종사설엔 '수많은'으로 바뀜) 도청 테이프 중 유독 특정 정치인과 기업, 그리고 중앙일보에 대해서만 집중적으로 문제를 삼고 있는 현 상황은 이해할 수 없는 대목이 많습니다. 특히 도청 당사자들은 중앙일보를 매도하고 있는 일부 방송, 신문사들을 거명하며 "그들도 떳떳하지 못하다. 자기들은 정도를 걸어온 것처럼 하는데 정말 역겹다"고 증언하고 있습니다. 과거를 청산하기 위해서는 불법도청 자체는 물론 도청 테이프에 담긴 모든 내용이 함께 밝혀져야 한다고 생각합니다.

홍 전 회장은 주미대사직과 관련, 공직자로서의 바른 처신이 무엇인가를 판단하여 입장 표명이 있으리라 봅니다. 결코 자리에 연연하지 않고 국민이 납득할 수 있는 자세를 보이리라 믿습니다. 중앙일보는 홍 대사의 거취와 상관없이 이 상황을 더욱 단단하게 발전하는 계기로 삼고자 합니다.

중앙일보 임직원은 다시 한 번 깊은 성찰을 하겠습니다. 그리고 겸손한 마음으로 더 바르고, 더 공정하고, 더 열린 신문의 길을 걸어가겠습니다. 특정 정파나 세력에 기울지 않고 중립성을 지키면서 권력에 대한 비판을 결코 소홀히 하지 않겠습니다.

중앙일보를 의도적으로 매도하고 정략적으로 이용하려는 기도에 대해서는 결연히 맞서 싸울 것입니다. 아울러 정·경·언 유착이나 도청과 같은 잘못된 관행이 다시는 재연되지 않도록 한 시대를 청산하는 시대적 과업이라는 차원에서 진상 파악에 주력할 것입니다.

– <중앙일보> 사설. 2006. 7. 25.

▶ 위 사설은 "다시 한 번 뼈를 깎는 자기반성 하겠습니다"는 제목만 본다면 어떤 중대 사안에 대한 신문사 측의 실수나 오류를 공개적으로 자기반성하는 기사인 것처럼 보인다. 그러나 위 사설을 꼼꼼히 읽어 보면 자기반성보다는 자기 옹호가 초점임을 알 수 있다. 밑줄 친 부분에는 '홍 대사'에 대한 변호와 '중앙일보' 측에 대한 옹호가 표면화되어 있다. 더군다나 사설 끝 부분에는 신문사를 의도적으로 매도하고 정략적으로 이용하려는 세력의 음모 때문에 지금과 같은 상황이 벌어진 것처럼 읽히도록 기술되어 있다.

반면 위 사설에는 현재 논점이 되고 있는 사건에 대한 객관적인 정보 제공이 결여되어 있다. 그렇기 때문에 독자로서는 객관적인 판단을 하지 못하고 신문사의 주장에 빠져들기 쉽다. 사설은 중요하고도 특정한 사회·정치적 사건에 대한 신문사의 입장과 해석을 담고 있는 것이 일반적이다. 하지만 가끔은 신문사 자체의 이해관계에 사설이 이용되기도 한다. 그렇기 때문에 사설과 같이 주관적 판단이나 주장이 허용된 기사를 읽을 때에는 논점이 되고 있는 사건의 맥락을 파악하고 다른 신문사의 입장과 비교해 보면서 읽는 노력이 필요하다.

다음 인터뷰 기사를 육하원칙에 따라 보도 기사로 바꾸어 작성해 보자.

　　나우필름의 이준동 대표는 지난 24일 뉴욕에서 <네버 포에버>(한국명 미정)를 크랭크인함으로써 최근 구체화하고 있는 일련의 한・미 영화 합작 프로젝트 가운데 스타트를 끊었다. 이 대표와 <네버 포에버>의 행보는 충무로 전체의 관심사가 되고 있기도 하다.

　　－<네버 포에버>는 <인어공주>에 이은 나우필름의 두 번째 영화다. 어떤 내용인가.
　　＝미국에서 성공한 재미동포 2세가 미국 여자와 결혼한다. 이 재미동포 집안은 아들을 중시하고, 미국인 여자도 아들을 낳아주고 싶어하는데 잘 안 된다. 급기야 여자는 남편을 위해 남편 몰래, 다른 한국인 남자를 통해 임신하려 한다. 그리곤 약간 놈팽이 같은 남자를 한명 만나는데, 거기서 이상한 감정이 싹트게 된다. 조금 센 이야기다. 영화의 대사는 영어 7, 한국어 3 정도의 비율이다.
　　－미국 쪽 합작사인 '박스 3'은 어떤 영화사인가.
　　＝한국에 개봉한 <세크리터리>와, 곧 개봉할 니콜 키드먼 주연의 <퍼(fur)> 같은 영화를 제작했다. 독립영화사이지만 경험이 풍부한 베테랑 회사이다.
　　－주연인 미국인 여자 역으로 캐스팅된 베라 파미가는 주목받는 신인으로 알고 있다.
　　＝미국쪽 캐스팅 디렉터와 따로 계약을 맺었는데 베라를 교섭해 왔다. 무척 반가웠다. 베라는 선댄스영화제, 로스앤젤레스 비평가협회 등으로부터 여우주연상을 받았고 <뉴스위크>에서 가장 주목되는 배우 2위로 꼽힌 유망주이다.
　　－미국과의 합작하는 데에 애로사항도 많을 것 같다.
　　＝배우 노조, 운송 노조 등등으로부터 영화 제작 허가서를 받아야 워킹비자를 발급받을 수 있다. 이걸 모른 채 일을 추진하다가 뒤늦게 알고 애먹었다. 또 스태프들의 인건비와 별도로 운송 노조의 현장 감독에게

주는 수당 등 노조에 충당되는 비용이 전체 제작비의 20% 가까이 든다.

－미국은 한국과 달리 스태프와의 계약이 매우 엄격하게 시간 단위로 정해진다고 들었다.

＝월~금까지 오전 9시부터 오후 5시까지 근무를 정확히 지킨다고 알려져 있는데 그렇지 않다. 오후 5시에 퇴근하는 건 카메라 레일 설치하는 사람 등 단순직들뿐이다. 촬영이든 조명이든 영화의 질과 관계된 일을 하는 사람들은 자기 일을 마무리할 때까지 퇴근하지 않는다. 토, 일요일도 나온다. 계약을 1주일 단위로 하는데, 정확하게 지키는 건 이것뿐이다.

－한국과 비교할 때 스태프 비용은 어떤가.

＝촬영 기간을 5주로 하고 계약을 맺었다. 이게 지켜진다면 한국보다 비싸지 않다. 미국 쪽 계약은 매우 정확하다. 촬영감독 같으면 주당 계산되는 임금 외에 프리프로덕션 비용으로 20일치 임금을 더 쳐준다. 촬영감독의 퍼스트 조수는 3일, 세컨드는 2일로 쳐준다.

－이번 합작에 의미를 둔다면.

＝한국영화가 미국에 진입하는 방식 가운데 가장 바람직한 게 아닐까 생각한다. 큰 비용 들이지 않고 미국의 영화 산업, 시장, 제작환경을 제대로 두드려보고 들여다보는 계기가 되고 있으니까.

－ 임범, <한겨레신문>, 2006. 7. 26.

다음 두 예문은 북한 문제를 보는 정반대의 시각을 담고 있다. 두 사설(칼럼) 중에서 자신의 견해와 일치하는 것이 있다면 그 이유를 쓰고, 만약 그렇지 않다면 자신의 견해를 독자적으로 작성해 보자.

김정일이 대포동, 스커드 미사일을 만드는 데는 막대한 돈이 있어야 한다. 그런데 김정일은 위조지폐 제작, 마약 밀수출, 대량살상무기 수출, 개성공단 임금 착취, 금강산 관광 사업밖에는 달리 돈을 벌 방도가 없다. 그렇다면 김정일의 미사일 공갈을 꺾는 길은 그의 그런 '지하경제'식(式) 돈줄을 죄는 것이란 이야기가 된다.

앞에 열거한 3가지 범죄적 방식이야 국제사회가 알아서 처리하겠지만, 개성공단 방식과 금강산 방식은 우리가 대처하기 나름이다. 특히 금강산 방식은 남쪽 국민들의 소비자적 선택 여하가 좌지우지(左之右之)할 수 있는 문제다. 우리는 과연 금강산 구경으로 김정일 선군(先軍) 체제에 계속 떼돈을 안겨줘야 하는가?

금강산 관광을 비롯한 DJ – 노무현식(式) '오로지 햇볕만'은 원래 "북한 당국자들과 주민들에게 돈맛을 들여주면 북한체제는 점차로 개혁 개방으로 바뀐다"는 가설을 전제한 것이었다. 그러나 이 가설은 '한 여름밤의 꿈'이었음이 드러났다. 우선 돈맛을 즐긴 것은 김정일 하나였지 북한 주민이 아니었다. 그리고 우리에게 돌아온 것은 김정일의 체제개혁이 아니라, 남쪽 국민과 세계인들을 겨냥한 그의 미사일 공갈이었다.

그러나 김정일 미사일 때문에 정작 더 우습게 돼버린 당사자는 바로 국제정치의 '오리알'—'노무현식(式) 자주외교'였다. 노무현 정권은 유엔에서 펼쳐진 국제외교에 한 다리는커녕 반(半) 다리도 끼우지 못했고, '장군님'의 '선군정치' 덕을 보면서도 '배은망덕'했다는 '죄목'으로 북측에 의해 장관급 회담에 응해준 '은전(恩典)'마저 졸지에 몰수당하는 신세가 되었다. 그런데도 '노무현–이종석 팀'은 여전히 "과잉대응은 긴장을 고양시킨다"는 말만 되풀이하고 있다. '과잉'은 '오로지 햇볕만'을 박살낸 김정일의 미사일이 한 짓인가, 아니면 중국까지 가세한 국제사회의 정당방위가 한 것인가?

미국과도 멀어지고, 일본과도 척을 지고, 사모했던 중국에게까지 뒤통수 맞은 노무현 정권은 이젠 죽으나 사나 김정일과 함께 '우리 민족끼리' 운운의 '나홀로 민족주의'로 내뻗는 수밖엔 없게 되었다. 그래서 한국 국민은 조만간 중대한 결정을 내리지 않으면 안 된다. 노무현식 (式) '우물 안 민족주의'를 따라갈 것인가, 아니면 그것을 거부하고 '세계 속의 한국'으로 나갈 것인가? 세상물정깨나 겪은 사람이라면 당연히 후자를 택해야 세끼 밥이라도 먹고 살 수 있을 것이다. 그러나 그러려면 그만한 행동을 취해야 한다. 김정일과 그 남쪽 동업자들의 사이비 민족주의를 무력화시키겠다는 '분노한 사람들'의 단호한 의지와 실천이 있어야 하는 것이다.

이 시점에서 그 무력화 작업의 핵심은 곧 김정일 선군정치의 돈줄을 끊어버리는 일이다. 그리고 그것은 금강산 관광에 쏟아 붓는 돈이 과연 '김정일 미사일 돕기' 아닌 북한주민 돕기에 정말로 유효적절하게 쓰이고 있는지를 냉철하게 따져 보는 것으로부터 시작돼야 한다. 도대체 우리에게 미사일을 겨누는 김정일에게 금강산 관광입네 하며 알토란 같은 '군사비 전용(轉用)' 가능한 현찰을 무조건 갖다 바치는 나라, 그러면서도 기껏 "이산가족 상봉은 더 이상 없다"는 귀싸대기나 맞고 다니는 나라가 이 세상 어느 하늘 아래 또 있다는 것일까?

집권세력이나 한나라당은 그런 '봉 잡히고, 뺨 맞고'를 처음부터 다시 따져보자고 할 사람들이 아니다. 그러나 국민은 소비자로서 마음만 먹으면 얼마든지 '금강산 상품'을 불매할 수도 있다. "그래서 전쟁하자는 것이냐? 군사비 전용 증거가 있느냐?"며 저들은 '호들갑'을 떨 것이다. 그러나 전쟁은 제정신 똑똑히 차린 사람들만이 막을 수 있고, 금강산 돈이 군사비로 전용되지 않았다는 증거 또한 없다. 이런 금강산 관광을 우리는 과연 더 이상 해야 하는가?

— 류근일 「금강산이 미사일 '돈줄'이라면」 <조선일보>, 2006. 7. 24.

북한 '미사일 위기'가 초기 단계를 지나면서 해법에 대한 관련국들의 태도도 분명해지고 있다. 지난 15일 채택된 유엔 안보리 결의안을 공통분모로 하면서도, 미국과 일본은 제재·압박 중심의 강경노선을 강화하는 반면 중국과 러시아는 외교적 해결책을 찾고 있다. 우리 정부는 결의안에 대한 과도한 해석이나 적용을 삼가고 대화와 협상으로 문제를 풀어간다는 기본 입장을 밝힌 상태다. 불필요한 긴장 고조를 막고 북한 핵·미사일 문제를 평화적으로 해결할 가능성을 높인다는 점에서 타당한 선택이다.

지금 주목되는 것은 오는 27~28일로 예정된 아세안지역안보포럼(ARF) 연례회의다. 예정대로라면 6자회담 참가 외무장관들이 모두 이 회의에서 만나게 돼 있다. 북한 역시 이 회의에 참석해 국제사회의 우려를 덜고 다른 6자회담 참가국과 진지하게 대화를 나눌 책임이 있다. 북한이 불참한 상황에서 북한 핵·미사일 등 관련 문건이 채택될 경우 북한의 고립은 더 깊어질 것이다. 그렇다고 북한을 뺀 다섯 나라가 별도 회담을 여는 것은 바람직하지 않다. 6자회담 틀을 유지하는 데 좋지 않은 영향을 줄 수 있기 때문이다.

각종 남북 접촉이 중단되는 등 남북관계가 주춤하는 것에 과민하게 반응하는 것 또한 적절하지 않다. 남북관계라고 해서 국제적 환경을 무시할 수는 없는 만큼 6자회담 재개 문제가 가닥이 잡힐 때까지 일정한 파장은 불가피하다. 북한이 중단시킨 이산가족 상봉 행사도 성격상 남쪽의 대북 쌀 지원과 연계돼 있음을 인정해야 한다. 중요한 것은 이런 일들이 3대 경협사업으로 대표되는 남북관계의 근본을 침해하지 않도록 일관성 있게 관리하는 일이다. 개성공단과 금강산관광 사업을 흔들려는 나라 안팎의 무책임한 움직임에도 단호하게 선을 그어야 한다.

미사일 발사가 북한 핵·미사일 문제의 성격을 바꾸거나 6자회담의 유효성을 떨어뜨린 것은 아니다. 오히려 미사일 발사는 핵·미사일 문제 해결의 시급성과 함께 6자회담이라는 틀의 현실적 가치를 더 높였다. 따라서 관련국들은 당연히 모든 노력을 6자회담 재개에 집중시키고, 이제까지 6자회담이 왜 잘 풀리지 않았는지 총체적으로 점검해 새로운 동력을 만들어내야 한다. 이런 노력 없이 제재 강화에만 눈을 돌려서는 사태 악화가 불 보듯 뻔하다.

― <한겨레신문>, 2006. 7. 23.

## 01 조선일보에 동조하는 경우

## 02 한겨레신문에 동조하는 경우

## 03 제3의 경우

# 9장
## 통계 자료 읽기

 기초 다지기

　지금 우리가 살고 있는 21세기는 흔히 컴퓨터혁명에 기반한 정보화 시대라 한다. 그런데 대부분의 정보는 질적 혹은 양적으로 측정된 숫자의 가공과 요약(흔히 이를 통계라 한다)의 결과이므로, 오늘날을 정보화 사회 대신 숫자화 사회라 해도 과언이 아닐 것이다.

　우리가 매일매일 접하는 주가지수, 물가지수, 불쾌지수 그리고 심지어 요즈음에는 빨래지수까지 발표되는데, 이런 것 등은 모두 숫자를 통하여 이루어진다. 심지어는 가요 제목에도, '그녀를 만나는 곳 100미터 전', '99.9' 등과 같이 숫자가 나타난다. 이렇듯 숫자는 이미 우리가 사는 사회 전반에 매우 깊숙히 자리잡고 있으며, 숫자가 없는 세상은 생각할 수도 없다. 다음 생텍쥐페리의 '어린왕자'의 한 부분을 보자. 이 글에서도 볼 수 있듯이 우리는 모든 것을 숫자로 이해하고 받아들이려 한다.

어른들은 숫자를 좋아한다. 네가 어른들에게 새로 사귄 친구들을 이야기하면 그들은 네게 진짜 알갱이가 되는 것을 묻는 일이 없다. 어른들은 네게 "그 애 목소리가 어떻든? 그 애는 어떤 놀이를 좋아하지? 그 애는 나비를 수집하고 있니?"라고 묻는 적이 한 번도 없다. 그들은 "그 애가 몇 살이지? 형제는 몇 명이냐? 몸무게는 얼마지? 그 애 아버지는 돈을 얼마나 버니?"라고 묻는다. 그리고 나서야 그들은 그 애를 안다고 믿는다. 만일 네가 어른들에게 "난 지붕 위에 비둘기들이 놀고 창틀에는 장미꽃이 피어있는 붉은 벽돌의 예쁜 집을 보았어"라고 말하면, 그들은 그 집을 머릿속에 그려보지 못한다. 어른들에게는 "난, 10만 프랑짜리 집을 보았어"라고 말하는 편이 좋다. 그제야 그들은 "야, 근사한 집이구나"라고 외친다.

— 생텍쥐페리, 『어린 왕자』

그러함에도 불구하고 우리는 숫자에 대해 매우 취약하며 막연한 두려움마저 갖는다. 이에 이를 악용하여, 상대방과의 언쟁에서 이기려면 '숫자를 써서 공격하라' 혹은 '숫자의 권위를 이용하라'와 같은 말이 생겨날 정도이다.

이러한 숫자화 사회 속에서 숫자(통계)가 갖는 의미를 정확하게 읽어내지 못한다면, 이는 주어진 정보를 정확하게 평가할 수도 없을 뿐만 아니라 올바른 의사결정을 수행할 수도 없다. 이렇듯 중요한 숫자 읽기(이해)에 대하여 존 파울로스(John Paulos)는 '현대에 있는 문맹이란 읽지 못하는 것이 아니라 숫자에 두려움을 갖고 손쉽게 다루지 못하는 것', 즉 수 문맹(innumeracy)이라 하였다.

홍수처럼 쏟아지는 숫자 정보에 대해 그것이 유용한 것인지 아니면 숫자놀음인지를 가려내는 것은 현대를 살아가는 우리들의 몫이다. 이에 본 장에서는 우리들이 매일매일 접하는 통계자료—그래프·표·여론조사 등—에 대해 제대로 읽고 그 의미를 올바로 이해할 수 있는 방법에 대해 알아보도록 한다.

| 통계자료 형태 | 내 용 |
|---|---|
| 그래프 | · 그래프의 종류와 활용<br>· 그래프에 대한 올바른 이해 |
| 도표 | · 연관성 파악<br>· 심프슨의 파라독스 |
| 여론조사 | · 표본오차를 고려한 올바른 해석 |

# 1. 그래프 이해하기

 전략 익히기

우리가 책을 읽을 때 그 내용이 항상 글로 표현되어 있는 것만은 아니다. 특히 우리가 매일 접하는 신문이나 잡지 등에는 각종 그래프나 도표 그리고 여론조사 결과가 가득하다. 따라서 이러한 그래프나 도표 및 여론조사 결과 수치에 대해 올바르게 이해하고 해석할 수 있는 능력이 없다면, 그 의미하는 바를 알지 못하여 결국 필요로 하는 정보를 얻지 못하게 된다. 나아가 정보를 왜곡되게 받아들이거나 잘못된 해석 등으로 인하여 잘못된 의사결정을 행할 수도 있다.

그런데 이렇게 두려울 만큼 어려워 보이는 그래프나 도표 및 여론조사 결과 수치도, 몇 가지 기본적인 사실들만 이해한다면 이들로부터 어렵지 않게 다양한 정보를 읽어낼 수 있다.

## 1) 그래프의 종류와 활용

그래프(graph)는 측정된 자료를 도형으로 나타내어 수량의 크기를 비교하거나, 변하는 상태를 알기 쉽게 하기 위해 만든 그림이라 정의할 수 있다. 그래프의 종류에는 서로 관계가 있는 2개 또는 그 이상의 양(quantity)의 상대값을 나타낸 도형, 통계의 내용을 시각적으로 포착할 수 있도록 도형화한 통계 그래프, 함수의 값을 좌표에 의해서 나타낸 함수 그래프 등이 있다.

그래프를 그리는 목적은 인간의 시각에 호소하여 보다 많은 것을 요약하여 보다 빠르게 전달하고자 하는 데 있다. 보다 구체적으로 이야기 하면, 자료가 무엇을 이야기하고 있는가를 쉽게 파악하고, 전하고자 하는 것을 알기 쉽게 전달하기 위하여 그래프를 그린다. 따라서 이러한 그래프는 비교 가능, 알기 쉽고 읽기 쉬움, 경향 파악이 가능, 한눈으로 전체 자료를 파악할 수 있는 등의 특징을 지닌다.

그래프가 갖는 여러 가지 장점 중 대표적인 것은, 많은 양의 자료를 한눈으로 파악할 수 있도록 도와준다는 점이다. 그런데 이와 같은 그래프도 전달하고자 하는 정보에 따라 올바르게 사용해야만, 보다 정확한 의미전달이 이루어질 수 있다.

(1) 꺾은선 그래프 – 이는 주로 데이터의 시간에 따른 변화를 나타내고자 할 때 유용하다. 그래서 꺾은선 그래프로부터는 단기적인 변동과 장기적인 추세(trend)를 파악할 수 있다.

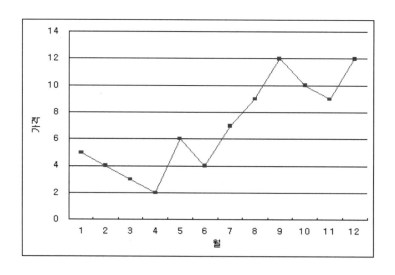

(2) 원(파이) 그래프—주로 범주형 자료의 비율을 나타낼 때 활용되는데, 범주 수가 많을 때는 사용하지 않는 것이 좋다.

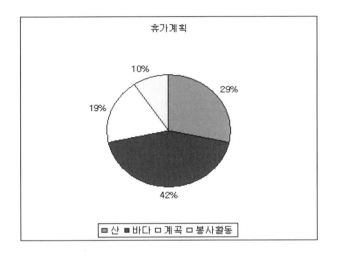

(3) 막대 그래프—범주 수가 많은 명목형 척도로 측정된 자료를 나타낼 때 유용하다. 가로축에 나타나는 분류 항목끼리 붙어도 상관없으나, 일반적으로 떨어지게 그린다.

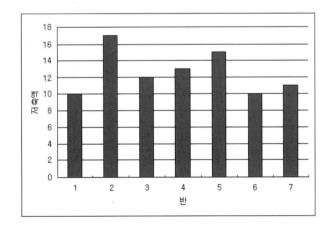

(4) 별그림－변수별로 시간대별 크기의 변화 등을 비교하고자 할 때 유용하다.

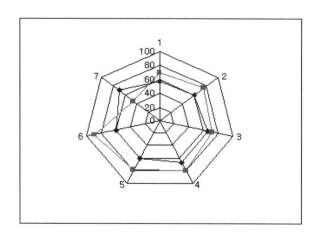

## 2) 그래프의 올바른 이해

그래프와 관련하여 이상과 같은 그래프 종류와 활용에 대해 이해하는 것뿐만 아니라, 더욱 중요한 것은 올바른 그래프 이해 즉 그래프를 제대로 읽어내는 능력을 기르는 것이다. 이제 이를 위하여 몇 가지 잘못된 그래프 작성 예를 알아보도록 하겠다.

(1) 자료의 크기와 그래프의 크기가 비례하지 않아 혼란을 초래

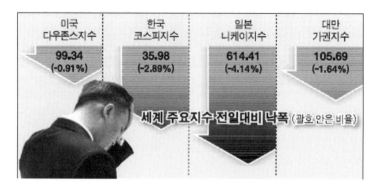

한국의 2.89는 대만 1.64의 약 1.8배인데, 그림의 높이는 이 보다 작은 1.5배에 불과하다. 또한 미국의 0.91에 대해서는 3.2배인데, 그림의 높이는 2배 정도에 불과하다. 따라서 그림만으로는 정확한 비교가 어려워, 잘못된 정보전달이 이루어질 수 있다.

(2) 자료의 크기 순서대로 그래프를 그리지 않아 혼란을 초래

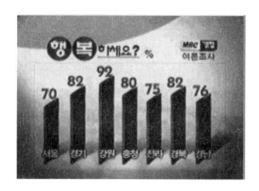

비율이 제일 높은 지역은 바로 알 수 있으나, 세 번째나 네 번째로 높은 도시는 바로 알기가 어렵다. 또한 경상도의 경우만 경남과 경북으로 구분하여 조사한 이유가 설명되어 있지 않아, 어떤 목적이 있는 듯한 느낌이 든다.

(3) 눈금 척도에 주의해야 하는 경우

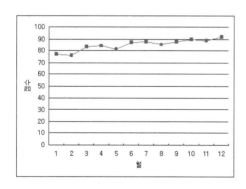
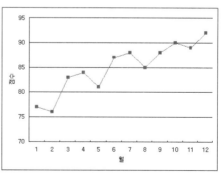

같은 자료를 이용하여 작성한 그래프인데도 불구하고, 세로축의 눈금이 다른 관계로, 전혀 상이한 그래프라는 인상을 준다. 즉 그래프 축의 눈금에 유의하지 않으면 잘못된 해석을 할 수도 있음에 유의해야 한다.


## 2. 도표 이해하기

 전략 익히기

도표(table)는 집계된 자료를 항목별로 분류하여 표로 나타낸 것이다. 도표가 어렵다고 느껴지는 이유는, 도표에 담긴 정보의 양이 많으며 또한 우리가 수치의 비교에 익숙하지 않기 때문이다. 일반적으로 도표 하나가 차지하는 면적은 같은 양의 정보를 풀어 쓴 글이 차지하는 면적보다 훨씬 적다. 그만큼 도표는 함축적이라 할 수 있다.

따라서 도표를 이해하기 위해서는 도표에 담긴 하나하나의 구체적인 수치보다는, 항목사이의 관계나 전반적인 추세를 확인하는 것이 중요하다. 일반적으로 도표를 읽을 때 주의해야 할 사항을 열거해 보면 다음과 같다(분석과 창의적 문제해결, 가톨릭대학교 교양교육원, 2005). 첫째 대상 영역 전체에 걸친 추세나 변동을 파악하고, 둘째 전체 추세에서 벗어나는 특이 사항이 무엇인지 확인해 보며, 셋째 반복적으로 나타나는 부분적 추세나 변동이 있는지 알아본다.


### 1) 연관성 파악

통계 도표 읽기에 있어 무엇보다도 중요한 것은 관련 변인간의 연관성 여부를 확인해 보는 것이다. 다음은 어느 마을에 거주하는 130명의 성인 남·녀에 대해 안경 착용 여부를 조사한 결과표이다. 참고로 아래와 같은 표를 2차원 도수표(frequency table)라 한다.

|  | 남자 | 여자 | 합계 (단위 : 명) |
|---|---|---|---|
| 안경 착용 | 32 | 3 | 35 |
| 안경 미착용 | 56 | 39 | 39 |
| 합계 | 88 | 42 | 130 |

안경 착용 여부가 성별과 연관이 있는가? 남자의 경우는 여자에 비해서 안경을 착용하는 비율이 높은 특성을 보이고 있다. 따라서 성별에 따라 안경 착용 여부가 달라진다는 것을 알 수 있다. 그런데 이 때 한 가지 유의해야 할 점은, 위 결과에 기초하여 남자가 여자보다 눈이 나쁠 가능성이 높다고 결론 내려서는 안 된다. 왜냐하면 시력을 측정한 것이 아니라 단순히 안경 착용 여부를 조사했을 뿐이기 때문이다. 즉 여자의 경우 미용상 콘택트렌즈를 착용하는 경향이 높을 수도 있다.

또 다른 예로 입국 외국인에 대한 관광통계를 집계한 다음의 가상 표를 보도록 하자.

(단위 : 명)

|  | 3월 | 4월 | 5월 | 6월 | 7월 | 8월 |
|---|---|---|---|---|---|---|
| 일본 | 128,411 | 139,173 | 163,546 | 171,361 | 169,708 | 158,589 |
| 태국 | 1,638 | 1,928 | 2,060 | 2,848 | 2,886 | 3,010 |
| 호주 | 15,462 | 17,443 | 14,800 | 19,115 | 21,265 | 22,445 |
| 미국 | 21,547 | 20,322 | 29,766 | 30,720 | 34,075 | 36,770 |

일본을 제외한 나머지 국가에 대해서는 꾸준히 입국 관광객이 증가하지만, 일본에 대해서만은 7월 이후부터 입국 관광객의 수가 줄어드는 경향이 있다. 그러나 여전히 절대적인 숫자에 있어서는 입본 관광객의 수가 압도적으로 많음을 알 수 있다. 나아가 같은 아시아 국가인 태국으로부터의 관광객 수가 유의적으로 적은데, 이는 그 이유를 규명함과 동시에 태국 관광객 유치를 위한 정책개발에 힘써야 함을 알려준다.

## 2) 심프슨의 파라독스(Simpson's Paradox)

도표에 대한 올바른 이해와 관련하여 유명한 예인 심프슨의 파라독스에 대해 알아보자. 어느 대학에 전기공학과와 영문학과가 있다. 이 두 학과에 입학하는 데 경쟁이 치열하여 여성단체에서는 이 학과에 입학하는 데 여성에 대한 차별이 있지 않나 의심하고 있다. 여성단체에서는 대학당국으로부터 다음과 같은 이원분류표를 얻을 수 있었다.

|  | 남자 | 여자 |
|---|---|---|
| 합격 | 35 | 20 |
| 불합격 | 45 | 40 |

이 자료는 지원자의 성별과 합격여부 간에 연관성이 있음을 보여주고 있다. 이러한 연관성을 자세히 알아보기 위해 다음 값을 계산할 수 있다.

합격한 남자 지원자의 비율 = 35/80 = 44%
합격한 여자 지원자의 비율 = 20/60 = 33%

이 값으로부터 지원자 중 남자는 약 절반 가량이 합격하였고, 여자는 약 3분의 1이 합격하였음을 알 수 있다.

대학당국은 위에서 조사된 연관성이 정확하다고 하더라도 남녀차별을 한 것이 아니며, 이의 근거로 성별, 합격여부, 지망학과에 다른 삼원분류표를 제시하였다. 이러한 삼원분류표는 세 번째 변수의 각 값에 따라 이원분류표를 작성함으로써 만들 수 있다. 이 경우엔 두 개의 이원분류표가 작성되는데 다음과 같다.

∴ 전기공학과

|  | 남자 | 여자 |
|---|---|---|
| 합격 | 30 | 10 |
| 불합격 | 30 | 10 |

∴ 영문학과

|  | 남자 | 여자 |
|---|---|---|
| 합격 | 5 | 10 |
| 불합격 | 15 | 30 |

이 표에서 각 항을 더하면 앞의 이원분류표가 된다. 대학당국은 단순히 학과에 따라 표를 나누었을 뿐이다. 이 표에서 전기공학과에서는 남녀 각각 지원자의 반이 합격하였고, 영문학과에서는 남녀 각각 지원자의 4분의 1이 합격하였다. 학과별로 보니 성별과 합격여부 사이에 연관성이 없는 것으로 나타났다.

학과별로 보았을 때 나타나지 않은 연관성이 학과를 무시하였을 때 왜 나타나는가? 쉽게 말하면, 영문학과에서는 합격하기 어렵고 주로 여자가 지원하며, 전기공학과에는 합격하기 쉽고 주로 남자가 지원하기 때문이다. 삼원분류표를 보면 이런 사실을 쉽게 알 수 있는데, 영문학과에는 여자가 40명, 남자가 20명 지원했고 전기공학과에는 남자가 60명 여자가 20명 지원하였다.

이와 같이 두 변수 사이에 강하게 작용하는 또 다른 변수가 있을 때는 변수간의 연관성을 잘못 판단할 수도 있는바, 이를 심프슨의 역설이라 한다.

## 3. 여론 조사 읽기

 전략 익히기

오늘날 참여 민주주의 확대 그리고 통신매체의 발달 등으로 인하여 각종 여론 조사 및 결과보도의 기회가 양적으로 확대되었다. 그리고 지방자치제의 실시와 함께 각종 선거 경험을 통하여 이제는 '최근 조사에 따르면'이라는 문화에 익숙해졌다. 대부분의 사람들은 한 번쯤은 전화 조사에 응답해야 했던 경험이 있을 것이다. 신문과 TV에서는 각종 그래프와 수치로 장식된 다양한 조사 결과를 쉴 사이 없이 발표한다. 그러나 사람들이 다양한 여론조사 결과를 항상 올바르게 이해하는 것 같지는 않다. 따라서 조사를 하는 사람이나 조사 결과를 받아들이는 쪽 모두가 왜곡된 정보를 주고받을 위험이 매우 높다고 할 수 있다. 그런데 왜곡된 정보는 잘못된 의사결정을 유도할 수 있으므로, 여론조사에 대하여 올바르게 이해하고 해석할 수 있는 안목을 길러야 한다.

> **예문**
>
> 2007년 12월에는 문어왕국에 대통령선거가 있다. 여러 후보 중에서 오징어 씨와 쭈꾸미 씨가 우력한 후보로 거론되고 있다. 이에 '다 밝혀' 신문사에서는 '다 맞춰' 조사기관과 함께 2006년 9월 1일부터 3일까지 전국 남녀(제주도 제외) 1200명을 무작위 추출하여 전화조사를 실시하였다. 그 결과 오징어 씨의 지지율은 36%, 쭈꾸미 씨의 지지율은 40%로 나타났다. 이에 '다 밝혀' 신문사는 '쭈꾸미 씨 승리 예상'이라는 제목의 기사를 실었다. 한편 이 조사의 신뢰도는 95%이며, 표본오차는 ±3%이다.

▶ 위와 같은 여론조사 관련 기사는 신문 등에 일반적으로 보이는 형식이다. 나아가 조사 과정이나, 신뢰도 그리고 표본오차의 크기 등을 밝히고 있어 별다른 문제가 없어 보인다. 그러나 '쭈꾸미 씨 승리 예상'이라는 예측에는 문제가 있다. 왜냐하면 위 조사는 국민 전체가 아니라 일부인 표본을 이용한 표본조사이다. 따라

서 조사 과정에서 표본오차가 발생하게 되므로, 결과를 해석할 때에는 이를 고려하여야 한다. 즉 이 경우 표본오차가 ±3%이므로, 오징어 씨의 예상지지율은 33%~39%이고, 쭈꾸미 씨의 예상지지율은 37%~43%이다. 따라서 실제에 있어서는 오징어 씨가 승리할 수도 있다. 그러므로 '쭈꾸미 씨의 승리 예상'이라는 제목보다는 '쭈꾸미 씨 약간 앞서, 그러나 표본오차 범위 내에서 두 후보 혼전'이라는 제목이 더욱 바람직하다.

## 실전연습 1

다음은 한 일간신문에 보도된 내용이다. 읽고 아래 물음에 답해보자.

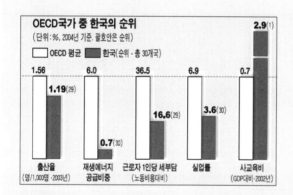

사교육비를 가장 많이 쓰는 나라. 그래서인지 아이를 가장 적게 낳는 나라. 자동차 수는 적은데, 자동차사고는 많이 나는 나라. 선진국 클럽인 경제협력개발기구(OECD) 눈에 비친 한국의 자화상이다.

28일 발간된 OECD 통계연보에 따르면 우리나라의 사교육비 지출은 국내총생산(GDP) 대비 2.9%(2002년 기준)로 30개 회원국 중 1위를 차지했다. 회원국 평균치(0.7%)의 무려 4배를 웃도는 수준. 그러나 공교육비는 GDP 대비 4.2%로 하위권(23위, OECD평균치는 5.1%)에 머물렀다. 공교육과 사교육이 확실히 거꾸로 가는 모습이다.

사교육비가 무서워서일까. 30개 회원국 가운데 체코에 이어 두 번째로 아이를 안 낳는 나라로 기록됐다. OECD 평균 출산율은 1.56명(2003년)이었지만, 우리나라는 1.19명에 불과했다.

**01** 위 기사에서 잘못된 표현이 무엇인지 생각해 보자.

**02** 위 그림에서 잘못된 점은 무엇인가?

실전연습 2

다음은 '2005 인구주택총조사'에 기초한 우리나라 인구구조(성별, 연령별) 모양이다. 아래 물음에 답해 보자.

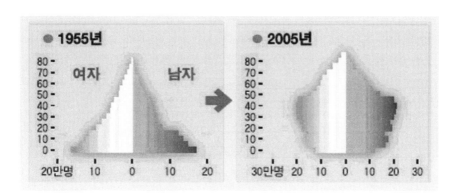

01 과거에 비하여 달라진 점을 설명해 보아라.

_____

_____

_____

02 이런 상황이 계속될 경우 나타날 수 있는 일에 대해서 추측해 보아라.

_____

_____

_____

_____

다음을 읽고 왜 이런 현상이 발생하는지에 대해서 알아보자.

우리나라 프로야구에 소속된 두 명의 유명한 선수—양준핵(상상 라이롱스)와 장종운(하나 에그스)—를 살펴보자. 1995년과 1996년 두 해 동안 기록된 양준핵과 장종운의 타율은 다음과 같다.

$$1995년 \ 양준핵의 \ 타율 = 12/48 = 0.250$$
$$장종운의 \ 타율 = 104/411 = 0.253$$
$$1996년 \ 양준핵의 \ 타율 = 183/582 = 0.314$$
$$장종운의 \ 타율 = 45/140 = 0.321$$

타율로만 본다면 두 해 동안 장종운이 양준핵보다 더 나았다고 보는 게 타당할 것 같다. 그런데 그 두해의 수치들을 더하면 양준핵의 타율이 오히려 더 높게 나타난다.

$$양준핵의 \ 타율 = \frac{12+183}{48+582} = \frac{185}{630} = 0.310$$

$$장종운의 \ 타율 = \frac{104+45}{411+140} = \frac{149}{551} = 0.270$$

1997년에도 역시 장종운이 양준핵을 눌렀다는 걸 알면 이야기가 훨씬 더 재미있어진다. 1997년 시즌의 타율은 다음과 같다.

$$양준핵의 \ 타율 = 190/654 = 0.291$$
$$장종운의 \ 타율 = 163/495 = 0.329$$

그러나 3년치를 모두 합한 결과는 양준핵의 승리이다.

$$양준핵의 \ 타율 = \frac{12+183+190}{48+582+654} = \frac{385}{1284} = 0.300$$

$$장종운의 \ 타율 = \frac{104+45+163}{411+140+495} = \frac{312}{1046} = 0.298$$

다음은 동일 자료를 이용하여 그린 그래프이다. 6월 초부터 중순 무렵까지 '코
스피 지수'의 변화에 대해서 토의해 보자. 왜 이런 차이가 생기는가? 변화량을 좀
더 정확하게 이해하기 위해서는 무엇을 이용하면 좋을까 알아보자.

(a)

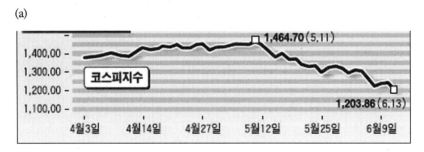

(b)

두 인터넷 포털 사이트 A, B의 개설 이후의 총 누적접속건수를 2005년 12월부터 2006년 4월까지 매달 1일 집계하여 아래의 표를 작성하였다. 이 표를 이용하여 두 사이트의 매월 접속건수와 월간 접속건수의 변화에 대한 추이를 비교하고, 이를 토대로 두 사이트의 누적 접속건수에 대해 앞으로의 전망을 비교 설명해보자.

(단위 : 천 건)

| 총 접속건수 집계 시기 | 대상 사이트 | |
| --- | --- | --- |
| | A | B |
| 2005년 12월 1일 | 349 | 2051 |
| 2006년 1월 1일 | 395 | 2250 |
| 2006년 2월 1일 | 472 | 2499 |
| 2006년 3월 1일 | 625 | 2805 |
| 2006년 4월 1일 | 957 | 3147 |

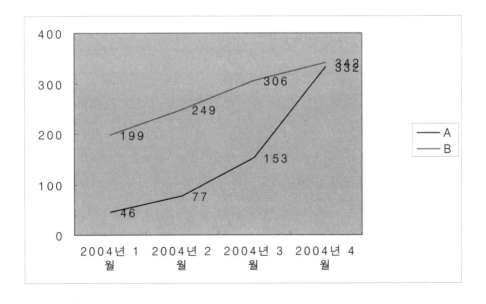

## 10장 ★★★

# TV 드라마 읽기

 기초 다지기

원래 드라마는 연극 용어인데, 현재는 TV에서 방영하는 단막극 또는 연속극을 TV 드라마(television drama) 또는 드라마(drama)라고 부른다. 소설이나 희곡이 '문자로 전하는 이야기'라면 TV 드라마는 '영상으로 전하는 이야기'라고 정의할 수 있다. 드라마는 TV 방송매체의 영향력 증대와 더불어 우리 사회 대중문화의 흐름을 주도하면서 대중들의 의식과 생활에 커다란 영향을 주는 문화 권력으로 성장하였다.

TV 드라마는 형식에 따라 연속극, 사극, 탐정극, 문예극, 미니시리즈, 특집극, 시트콤 등으로 나눌 수 있다. 우리의 경우 각 방송사마다 1년 내내 일일연속극과 미니시리즈(월·화요일, 수·목요일)가 방영되고 있다.

연속극은 스토리가 연속적으로 이어지는 드라마를 말한다. 월요일부터 금요일까지 방송되는 일일연속극과 주말연속극으로 나뉜다. 일일연속극의 경우 아침시간대에 방영되는 아침드라마와 저녁시간대에 방송되는 저녁 드라마가 있다. 주말 연속극은 말 그대로 주말인 토요일과 일요일 저녁 시간대에 방송된다. 그런데 방송사의 상황에 따라 일요일 아침에만 방송되는 일요 아침 드라마도 있다.

미니시리즈의 시작은 1960년대 말 미국에서 시리즈(연속극)가 실패할 경우를 대비해 대체용 프로그램을 급조해서 만들었는데 그것이 바로 오늘날의 미니시리즈가 되었다. 초창기 대체용 프로그램이던 미니 시리즈는 오늘날 전세계적으로 가장 흥미있고 완성도 높은 프로그램으로 자리잡고 있다.

특집극은 미니시리즈의 한 형태로 볼 수 있다. 그러나 보통 16부에서 20부작으로 제작되는 미니시리즈에 비해 2부에서 8부 정도로 제작되는 것으로 미니시리즈와 연속극의 중간 형태의 드라마라고 할 수 있다. 특집극은 계기 특집극과 기획 특집극으로 나눌 수 있다. 추석이나 설, 석가탄신일과 성탄절 등에 제작되는 특집극과 대부분 공포를 소재로 여름철에만 제작되는 납량 특집극, 각 방송사마다 창사 기념일을 맞아 제작되는 특집극 등이 있다.

사극은 역사적인 사건이나 인물 그리고 근세사의 이야기를 다룬 드라마를 가리킨다. 사극을 좀 더 세분하면 사극, 시대극, 현대극으로 나눈다. 이때 사극은 고대 역사시대부터 일제 강점기까지 다룬 드라마, 시대극은 일제시대부터 1950년대까지 다룬 드라마, 현대극은 1960년대에서 현재까지를 배경으로 하는 드라마를 말한다.

탐정극은 수사물이나 추리소설을 극화한 드라마로, 우리에게 알려진 대표적인 작품은 MBC의 <수사반장>이다. 1971년 3월 시작되어 1989년 12월에 880회로 종영된 이 드라마는 작가만 해도 10명이 동원되어 장시간 동안 시청자들의 사랑을 받은 작품이다.

문예극은 문학적인 소설이나 희곡을 TV 드라마로 만든 것이다. 대표적인 프로그램이 KBS의 <TV문학관>과 MBC의 <베스트 극장>이다. 『소나기』나 『메밀꽃 필무렵』, 『역마』, 『외등』, 『홍어』, 『엘리베이터에 낀 그 남자는 어떻게 되었나』와 같이 우리에게 너무도 친숙한 소설들을 드라마로 제작하여 소설에서와는 다른 영상미를 전해주고 있다.

시트콤(sitcom)은 시츄에이션 코미디(situation comedy)를 줄여 부르는 말이다. 이것은 동일인물들이 매회 다른 상황을 엮어가는 코믹드라마를 가리킨다. 연속극이나 미니시리즈처럼 각 방송사마다 시트콤을 방영하고 있다. 드라큐라 가족이라는 새로운 소재를 선보인 MBC의 <안녕 프란체스카>는 시청자들의 요구에 의해 시즌 2를 제작 방영했다. <안녕 프란체스카>는 매주 1회 그것도 밤 11시라는 심야 시간대에 방영되고 있음에도 불구하고 매니아층을 형성하고 있다. 또한 KBS의 시트콤 <올드미스 다이어리>도 시청자들의 꾸준한 인기를 얻었다.

## 1. TV 드라마

 전략 익히기

아래 글은 KBS2 텔레비전에서 방송했던 시트콤 <올드미스 다이어리>(월~금, 9시 25분~9시 55분)를 시청한 후 <지피디와 누나본능>이란 지현우 팬카페에 올린 글이다. 글을 쓴 사람은 카페 회원으로 지속적으로 드라마를 보면서 회원들끼리 의견을 주고받으며 드라마에 대한 이야기 외에도 자신들이 좋아하는 배우 '지현우'에 대한 모든 정보를 수집하고 공유하고 있다. 특히 글을 올린 'LA사는 누나'란 회원은 실제로 미국에 거주하는데 물리적인 거리를 극복하고 한국에 있는 회원들과 의견을 공유하며 카페에 배우 '지현우'와 <올드미스 다이어리>에 관한 글을 올리고 있다.

[글쎄~。] '올미다'라는 커피…

번호 : 1132    글쓴이 : LA사는 누나
조회 : 59    스크랩 : 0    날짜 : 2005.07.20 11:56

어제 에피…
현우는 So Young님의 '커피만 한 열 숟가락 넣고 블랙으로 마시는
그 맛'이라던 감상…

Stop drinking.
Find inner poise.
Go to the gym three times a week.
Don't flirt with boss.
Reduce thighs.
Learn to love thighs.
Forget about thighs.
Stop making lists.

Renée ZELLWEGER  Colin FIRTH and Hugh GRANT
**Bridget Jones's Diary**
Uncensored. Uninhibited. Unmarried.

정말 지대로 된 표현이었어요.

항상 엷게 탄 '블랙커피'를 마시지만

가끔, 물 양 조절을 실패하거나, 딴 생각하다 커피를 한 스푼 더 넣어 버렸을 때는 평소보다 진해져 버린… 쓴 커피를 마시게 되거든요. 내가 원하는 맛이 나는 블랙커피가 아니라서 100% 만족하며 '행복하게' 마시지는 않지만, 그런대로

약간은 쓴, 그 커피를 그냥 그렇게 마셔요.

그리고, 커피를 마시다보면 가끔, 아주 가끔…

커피가 제대로 내려지지 않아, 커피 가루가 필터에서 걸러지지 않은 채 그대로 커피와 함께 내려와 버릴 때가 있어요. 맛난 커피를 기분 좋게 끝까지 마셨는데, 커피찌꺼기가 갑자기 입안 가득 들어와 버릴 때의 기분이란… 뱉지도 못하고, 삼키지도 못하고 어쩔 줄 몰라 잠시 당황하다 결국은 다 뱉어내버리죠. 입안의 찌꺼기를 없애기 위해, 찬물로 입까지 헹궈 내야 한답니다. 마지막에 남아 있던 그 찌꺼기 때문에 지금까지 마셨던 커피의 은은한 향과 맛까지 씻겨져버린달까…

어제 에피 중에 "야, 나 진짜 저 싸가지랑 헤어질래"라던 미자 씨 말을 듣는 순간 딱! 그런 기분이었어요. 맛있는 커피를 마시다 커피 찌꺼기가 입에 들어와 버렸을 때의 그 기분…

황당하고, 찝찝하고, 불쾌하기까지 한 그 기분… 커피 찌꺼기를 입에서 헹구어내듯이 그 말을 들은 기억 자체를 헹구어내버리고 싶었다니까요.

커피야, 내 잘못이라서 누굴 탓도 못한다지만…

어제 같은 경우, 미자 씨의 그 대사는… 그 말을 대본에 넣고, 미자

씨 입을 통해 말하게 한… 작가분을 탓하고 싶은 마음입니다, 솔직히… 사소한 일로 자주 싸우고, 화가 나면 '헤어지자'라는 말을 할 수도 있는 게 '현실적인' 거라지만… 미자 씨와 지피디만은 안 그랬으면 좋겠어요…그렇지 않아도, 지난번에 심장 한 번 덜컥~ 하게 하시더니…

어제 미자 씨 멘트 듣고 기절하는 줄 알았습니다… '미자 씨가 지피디만큼 사랑하지 않는건가…?'라는 기분 나쁜 상상까지 하게 만드는 대사였어요…

어쩌다 진하게 타진 쓴 커피를 마시게 되고,

커피 찌꺼기로 기분을 망치게 될지라도,

매일 아침이면 어김없이 커피를 내려 마시는 것처럼,

어제 에피같은, 씁쓸하고 황당한 내용을 가끔 만난다 할지라도

계속해서 올미다를 보게 될 거라는 거 알지만…

이왕이면…

맛난 커피만 계속해서 마셨으면 좋겠어요…

가끔 가다 쓴 커피까지도 그냥 마셔줄 수 있겠지만…

될 수 있음…

입속에 커피찌꺼기 들어오는 그런 기분은…

앞으로 가급적 느껴지지 않았으면 하는 바람입니다…

p.s. 제가 너무 민감한 걸까요?

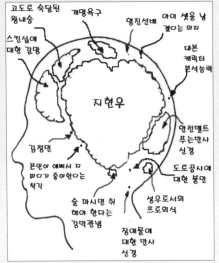

😊 눈부신그대⊙_… 저도 어제 에피에서 미자 씨 모든 게 맘에 안 들었답니다—0— 사소한 거에 화내구 정민 씨한테 달려가 맘 흔들어놓구 그렇게 닭살처럼 굴더니 헤어진다는 말이 그리도 쉽게 나올 줄이야… 올미다 이럼 안돼요… ㅜ_ㅠ 다시금 설레이고 기다려지는 하루를 만들어주세요… 12:01

😊 별하나잎둘 아니요… 제가 봐도 그 대사는 심히 걸리던걸요… 어제 할머니와 우현삼촌의 에피 아니었음 조금 화났을 것 같아요… 하지만 사소한 일로 삐지기도 하지만 또 금방 감동받는 미자 씨잖아요… 계속 그러면 안 되겠지만 어제 한번은 애교로 봐 주자구요… 12:01

😊 나랑 영화나… 저두요…그 대사는 좀 심했어요… 듣는 순간 깜짝 놀랐답니다… 연인사이에 진짜 헤어질 거 아니라면 "헤어진다" 이 말은 하는 게 아니라고 봐요… 장난도 아니고… 다음부턴 그런 말은 듣지 않았으면 하는 바람입니다… 12:17

😊 howl 조금만 기분 나쁘면 헤어져를 밥 먹듯이 하면, 아무리 일편단심이고 보통 때 정말 잘해줘도 지피디 같은 성격의 남자는 한계에 이르면 딱 잘라서 돌아서지요. 속으로는 가슴이 찢어지더라도. 미자 씨, 조심해야할걸요?    12:18

😊 현우랑 모든사람들…이 아닐지 모르지만 그래도 사람 생각은 비슷비슷 하나봐요… ㅎㅎ 저도 그리 생각했는데… 오늘은 정말 맛있는 커피가 내려졌으면 좋겠어요…    12:50

😊 현우가 빠진… 미자 씨 나보다 나이도 많으면서 철이 없어서… 사람 사귀면서 헤어지자는 말은 정말로 헤어질 때 딱 한번으로도 너무 많아서 차고 넘친다는 걸… 아직 모르나봐요..ㅜㅜ    12:51

😊 믿음 동감…합니다… 미자는 지피디를 사랑하지 않네요 그냥 좋아만 하고 있네요    12:52

😊 저두요 아무리 생각해도 어제의 미자는 지피디의 사랑을 받을 만한 여자가 아니었던 거 같아요… 그의 마음을 알고 있는 사람이라면 쉽게 내뱉을 수 없는 말이었고 하물며 정민 씨가 옆에 있는데 윤아 씨한테 전화로 화풀이 하듯이 할 말은 더더욱 아니었어요… 더워라~~;;;    13:41

시청 소감은 드라마 시청자들이 드라마를 어떻게 읽고 보는가에 대한 유용한 정보를 제공해 준다. 따라서 시청 소감과 그에 대한 각자의 견해를 밝히는 댓글을 살펴보면 시청자들이 드라마를 보는/읽는 방식을 파악할 수 있다. 위 글의 시청자들은 <올드미스 다이어리>라는 시트콤 1회분을 시청하고 그에 대한 소감을 나누고 있다. 위 시청 소감과 댓글을 살펴보면 이들이 드라마에 대한 줄거리와 등장인물들의 관계와 이들의 갈등 상황에 대한 이해가 선행되어 있을 뿐만 아니라, 그날의 방송 에피소드가 전달하는 정확한 메시지 또한 읽어내고 있음을 알 수 있다. 그리고 시청소감과 댓글을 작성하지 않은 대다수의 일반 시청자들은 드라마와 이와 관련한 여러 글을 통해 드라마의 사회적 파급 효과와 동시대의 가치관을 읽어낼 수 있다.

이상의 시청 소감과 댓글을 참고로 드라마를 정확하게 보기/읽기 위한 전제 조건을 살펴보면 다음과 같다.

첫째,   줄거리 파악
둘째,   등장인물 관계 및 갈등 요인 찾기
셋째,   드라마의 메시지 읽어내기
넷째,   드라마의 사회적 파급 효과 생각하기
다섯째, 시청소감과 댓글 읽기를 통한 동시대의 가치관 읽어내기

## 드라마 속 간접광고(PPL)

2004년 삼성경제연구소가 발표한 <2004년 10대 히트 상품 보고서>에서 한류스타 배용준이 4위, 드라마 <파리의 연인>이 7위에 선정되었다. 2004년 한 해 57.8%라는 시청률을 기록하여 역대 드라마 시청률 순위 10위에 오른 50부작이나 되는 대장금을 제치고 두 달 남짓 방영된 <파리의 연인>이 7위에 오른 이유는 드라마의 시청률이나 영향력이 아닌 다른 곳에 있다. 드라마 <파리의 연인>은 PPL(간접광고)의 규모면에서 큰 논란을 불러일으킨 최초의 사례로 애초에 PPL 예산을 확정하고 거기에 맞춰 드라마가 설정된 경우이다.

다음은 <파리의 연인> 7회 대본이다. 글을 읽고 물음에 답해 보자.

[태영집] 콩나물을 다듬고 있다…

양미 : (옷을 들고 나오며) 자… 언니… 이거 어떠신가…

태영 : (보지도 않고) 응… 좋아…

양미 : (옷을 대보며) 보지도 않고 뭐가 좋아?

태영 : (보며) 아…내가 니 옷 다 알잖냐…근데… 어디가??

양미 : (태영에게 다가와 앉으며) 내가 면접본 거 붙었잖아… 그 박학다식에, 미모 출중에, 언변유창에… 아주 떨어질 이유가 없지… 자… 그런 의미로다가 오늘밤 드림오빠의 바에서 한잔 어때??

태영 : (놀라) 어… 나… 나중에… 자… 작은아버지 전화 안 왔어?? 어… 사무실에 계시다니… 아직…?

양미 : 응…뭐…에로피안지…에로안지 거기가 더 편하시다 그러던데…(태영의 어깨에 기대며) 그러지 말고 가자… 언니… 응??

태영 : 아… 아니… (이때 울리는 전화벨)

양미 : (벨소리 들리는 곳으로 가며) 모… 모야… 핸드폰 샀어?? (태영 핸드폰을 받으며) 강태영 씨 핸드폰입니다… 네?? 카드대출이요?? 아 잘못

거셨어요.

태영 : (계속… 핸드폰 뺏으려는…)

양미 : 아이고 이거 진짜 죽이네… 이거 언제 샀어??이거 얼마야??

태영 : (계속 뺏으려는) 아…

양미 : 가로로도 촬영 되는 거야 이거… 한번 웃어 봐봐… 아주 섹시하게…

태영 : 아…좀… 하지마…~~

양미 : 아이~이거 동영상이 세 시간이야… 세 시간이면 영화가 두 편. 자 우리 이걸로 영화나 한편 찍자…

　태영이 사진 찍으려는 포즈로 다가가… 핸드폰을 뺏어 밖으로 도망가 버린다…

태영 : 휴…

　밖에 나온 태영… 핸드폰을 바라라보았다가… 빨아서 널어놓은 수혁의 옷을 만지작… 만지작… 걷어서… 이쁘게 개는…
　멀리서… 수혁이… 태영을 바라보고 있다.

(중략)

　[상암 CSV]
　양미가 유니폼을 입고 이야기 중

직원 : 한국말 몰라요? 손 말이야… 해앤드… 얼른 내밀어요.

양미 : 그… 해앤~드는 왜요? (방긋)

직원 : 영화 그 이상의 감동. 국내 최대의 멀티플래스인 우리 CSV는 매점 출입 전에는 손 소독은 물론 헤어넷 착용을 의무화 하고 있어요. 얼른 소온~

양미 손을 내미니 알록달록 매니큐어가 발라져있다.

직원 : 헉… 오 마이 갓… 오 마이 가앗~. 이게 뫂니까? (떽) 당장 지우세요…

양미 : 허허억… 와~영어 진짜 잘하시네.

직원 : (우쭐우쭐)

양미 : 근데요 평소에 성격이상하다는 소리 많이 듣죠?

직원 : 뭐예요?? 최양미 씨 중말…? (이때 누군가를 보고… 옷매무새를 가다듬는… 이쁘게) 나중에 얘기해요…(후다닥 기주에게) 안녕하세요~ 저 본부장님 들어오셨나…

양미 : (폴짝폴짝) 저기요?? 저 기억하시죠?

기주 : (누구지?? 기억이 안 나다가 기억이 난다…) 어… 어… 아예~기억… 예. 예. 예… 기억하죠… 근데 여기 어떻게…

양미 : 아! 취직했거든요… 스텝으로다가… 근데 여기 자주 오시나봐요

기주 : 저는 뭐 가끔…예… 수고하세요…그럼… (지나간다)

직원 : 자기… 한기주 사장님하고 알아?? 친해? 얼마나 친해?

양미 : 우리 친해요?

직원 : 엥?

양미 : 왜 은근슬쩍 말 놓는데요? 그러지 말고 한번 말해 봐요… 평소에 성격 이상하다는 소리 많이 듣죠?

직원 : (버럭) 최양미 씨!

양미 : 어? 저기 회장이다…!

　　옷매무새 가다듬는 직원… 이때다… 도망가는 양미

직원 : 어…어디??

택배직원 : 백승경 본부장님실 어딘지 아세요? 맨하탄에서 온 우편물인데요…

직원 : 맨하탄?? 아~오… 맨하튼?? 저 주세요~ 제가 갔다드릴게요.

택배직원 : 저… 싸인이요…

직원 : 네~. 영어로 하나요?

**01** 간접광고(PPL)가 등장하는 부분을 찾아보자.

**02** 간접광고의 문제점에 대해 이야기 해 보자.

시청 소감 읽고 댓글 달기

## [캐릭터] 지피디에 대한 사소한 걱정…

번호 : 1130　글쓴이 : 쉬뻬르나나
조회 : 219　스크랩 : 0　날짜 : 2005. 07. 20 06:02

저는 요즘 납중독보다 더 무서운 지피디 중독증으로 고생하고 있어요. 그런데 이런 중독증세로도 모자라 걱정 하나가 더 생겨버렸네요. 그게 뭐냐면요… 바로 지피디가 과연 올해 안에 장가를 갈 수 있겠는가 하는 겁니다. 이런 진도로 나가면 지피디 서른 살이 넘어서도 총각일게 훤하다구요. 지피디의 뇌구조에서 보았듯이 커플 진도에 대한 자각이 너무 적단 말입니다.

미자 씨네 집에 인사 아직 안 갔어요. 할머니 전화 받고 찾아뵙겠습니다라고 해놓고는 아직까지 '지서방'으로서 인사드리러 안 갔잖아요. 게다가 커플링도 아직 멀었습니다. 지난주 에피에서 커플링 하자고 말만 있었지 실천을 하지 않았다구요. 그동안 꾸준한 인내심을 가지고 이들 커플을 지켜보아왔어요. 옆자리에 앉히기 위한 미자 씨의 눈물겨운 노력… 그로 인해 참으로 느리게 깨닫는 지피디… 미자 씨와 마찬가지로 느림의 미학을 보여주는 지피디를 참고 지켜보아왔지만 드디어 걱정할 만한 지경에 도달해버리는군요. 아니, 영진선배마저 넘어가버리는 섹시 버전으로 포즈를 잡는 미자 씨보고 '무섭다'니… T.T…

지피디의 초등학교가 어디인지 참으로 궁금해지는 대목이었어요. 미자 씨의 증언대로 지피디가 다니는 초등학교에서는 '엔지, 다시요, 성우 맞습니까?'만 가르친 게 맞나봐요. 애를 도대체 어떻게 교육시켰길래 저리 순진무구하게만 키워냈을까요?

지피디는 중학교 이후로 해외에서 학업을 계속했고 성인이 되어 한국에 돌아가 대학을 다녔잖아요? 그렇다면 어떻게 '혈기왕성한 남성'

중의 한 사람이 어찌 이리 갓 쓰고 도복 입은 성리학자 같은 모습을 갖추고 있는 걸까요?(중고등학교를 해외에서 다닌 사람 같지 않단 말입니다…) 그렇다면 지피디의 '아무것도 몰라요 성의식'의 원인은 초등학교 때의 '올바른(?) 성교육—일반적으로 대한의 모든 건아들이 별 흥미를 느끼지 못하는 교육—'마저 받지 않은 탓이라고 봐야할까요? 아니면 지피디의 이모님 탓을 해야 하나…

물론 이모님, 정말 아이 하나 제대로 키워내셨습니다. 바쁘게 해외로 의료봉사 다니시는 지피디의 어머님을 대신해서 조카 녀석을 저리 멋진 녀석으로… 아니 너무 훌륭해서 남자에 대해 시큰둥한 저마저 이리 매혹시켜버리는 놈을 만들어내셨으니 대단한 역작이라고 봅니다. 다만… 음흉한 저로서는 조금 더 흐뭇한 무엇인가를 바라게 된다는 거죠. 뭐… 결론적으로 말해서… 흠… 흠… 아침드라마도 아니고 밤 9시 반에 하는 올드미스들에 대한 시트콤이니만큼 조금 더 수위를 높여 주셔도 무방하다는 겁니다.

김석윤 피디님께도 한 말씀… 에이… 소심하기는…  그리고 본능 누님들께도 한 말씀… 늘 눈팅만 즐기다가 처음으로 글 올려요. 여러 님들의 글과 캡처로 즐거운 시간을 보낼 수 있어서 행복해요. 연예인에게 빠져보기는 생전 처음이라 같이 사는 룸메이트에게 민망해서 한동안 말도 못했었거든요. 제가 좀 올드한 미스라서요. 이 나이에 이게 왠 황당한 시추에이션… 이러면서요… 그러다 그 맘이 커지니 이제 당당하게 매일 지현우 자랑을 하고 있어요.

올드미스다이어리를 매일 챙겨본다는 것은 참으로 눈물겨운 노력이 필요해요. 게다가 정말 보고 싶은 지대니의 그리스 공연은 꿈도 못 꾸죠. 제가 파리에 있기 때문에 올미다의 시청률에도 도움이 안 되구요. 올해 말쯤에나 한국 다녀올 수 있는데 그때 멀리서나마 현우 동생을 볼 수 있길 빌어요. 그리고 본능누나들도 만나 실컷 지현우이야기 하구 싶어요.(저의 룸메는 김변 팬이거든요. 지현우에게 딴지거는 룸메로 인해 동지들과의 대화가 절실해요. 룸메와 저는 거의 '적과의 동침'이라고 볼 수 있죠… ㅋㅋ) 비록 지피디가 느림의 미학을 선보이며 애를 태우더라도 배우로 성큼성큼 성장해나가는 지현우를 지켜보렵니다.

http://cafe.daum.net/mihyunwoo

**01** 위의 글을 읽고 댓글을 달아 보자.

**02** 위의 글을 참고로 지피디의 성격을 추측해 보자.

드라마 등장인물 보기

다음은 <겨울연가>의 등장인물과 그에 대한 설명이다.

## <등장인물>

### · 강준상(배용준)

피아니스트인 강미희의 아들.

갸름하고 창백한 얼굴에는 항상 신경질어린 우수와 차갑게 일렁이는 눈빛, 그리고 태생적인 비극의 슬픔이 묻어 있다.

아버지를 찾아 자신의 존재를 확인받기 위해 전학 간 춘천의 제일 고등학교에서 준상은 유진과 상혁이라는 아이들을 운명적으로 만나게 된다. 자신의 아버지가 상혁의 아버지라고 생각한 준상은 상혁과 김진우에 대한 애증에 방황하면서도 유진과의 사랑에 위안을 받는다. 그러던 준상은 사소한 오해로 인해 자신의 아버지가 유진의 아버지였다고 착각하고는 충격을 받는다. 감당할 수 없는 절망감을 안고 춘천을 떠나려던 준상은 교통사고를 당하게 되는데….

### · 이민형(배용준)

10년 후 유진 앞에 나타나는 준상과 외모가 똑같은 남자.

세운그룹에 속해 있는 "화이트"스키장의 책임자이지만 드러내놓고 행동하지 않는다. 회사에 속해 있는 건설회사의 대표로 스키장 리노베이션 관계로 유진과 운명적인 만남을 갖게 된다.

부유한 재미교포 2세에 탁월한 능력과 다정다감한 제스쳐는 여자들의 호감을 사는데 너무나 당연한 조건들이다. 때문에 민형은 자신을 향해 다가오는 말초적인 즐거움을 즐기는 것 때부터 알 수 없는 오해와 사소한 충돌로 틀어지게 되지만 어떠한 거부감도 느끼지 않는다. 유진과는 처음 만났을 때부터 함께 일하면서 민형은 자신도 모르게 유진에게 점점 이끌리게 되는데…

· 정유진(최지우)

고등학교 때의 유진은 밝고 명랑한 성격에 정의로움까지 갖춘 여자아이였다. 아버지를 일찍 여의고 어려운 생계를 책임진 어머니, 어린 여동생과 어렵게 살고 있지만 항상 웃음을 잃지 않았었다. 거기에는 유진 특유의 낙천적인 성격도 있었지만 어린 시절부터 형제처럼 자신을 지켜봐준 상혁이와 고 2때 전학온 준상이와의 사랑이 결정적인 버팀목이 되어 준 것이다.

그로부터 10년 후 유진은 "폴라리스"라는 인테리어 회사를 동료들과 함께 운영하고 있다. 그리고 상혁이와 약혼을 하게 되었는데… 채린이 데리고 온 준상과 똑같은 외모를 갖은 민형이 나타나면서 유진은 가슴 깊이 묻어둔 준상에 대한 사랑으로 혼란에 빠지게 되는데…

· 박상혁(박용하)

김진우의 아들.

현재는 방송국의 라디오 피디로 일하고 있다. 착하고 곧은 심성에 항상 매사에 공정하려고 노력하는 스타일.

상혁에게 가장 큰 상처는 유진을 준상에게 빼앗겼다는 열패감이었다. 하지만 준상이 죽은 지 10년이 지난 지금, 상혁은 유진과의 약혼으로 행복한 나날을 보내고 있다. 그러던 어느날, 유진이 일하게 될 '화이트' 스키장의 리노베이션 책임자인 이민형이 준상과 똑같은 외모를 가진 남자라는 것에 충격을 받는다. 10년 전에 죽었던 준상과 똑같은 외모를 지닌 민형을 만나면서 상혁의 내부에 숨겨졌던 열등감과 승부욕이 다시 고개를 들기 시작한다.

· 오채린(박솔미)

패션 디자이너로서 '오채린 부띠끄'를 운영하고 있다. 고교시절부터 근거 없는 자신감과 오만함에 익숙한 인물로 자신이 원하는 것은 무슨 일이 있어도 갖으려고 하는 집념과 야망을 가진 여자이다. 오채린의 유일한 상처는 준상에게 마음을 거절당한 것이다. 이러한 마음은 유진을 시기하고 질투하는 것으로 전이된다.

10년 후, 미국 유학 생활을 하다가 한국으로 들어오기 직전에 이민형을 만나게 된다. 한국으로 들어와서 부띠끄를 오픈한 채린은 준상과 닮은 이민형을 만나 곧바로 사랑에 빠져들기 시작한다. 그리고는 드디어 유진과 상혁의 약혼식 날에 보란 듯이 민형을 데리고 등장하게 된다.

첫사랑의 상처에 사로잡힌 여자의 마음을 대변해주는 또 다른 인물로서 유진과는 다른 차원에서 시청자들의 연민을 자극하게 된다.

### · 공진숙(이혜은)

유진의 고등학교 때 방송반 친구로 현재는 백수로 있다가 채린의 부띠끄에 취직하게 된다. 유진에겐 정말 소중한 친구로 항상 유진의 걱정을 해주고 유진의 대소사에 관여하지만 다소 푼수 같고 방정맞은 입으로 인해 문제를 일으키는 인물. 특히 채린과 유진 사이에서 문제를 일으키게 되는데….

이런 진숙에게도 사랑의 아픔이 찾아오게 된다. 다름 아닌 고교시절부터 남몰래 짝사랑해온 용국이 유진과 함께 일하는 이정아와 사랑에 빠지게 되자 실의에 빠지게 되는데….

### · 권용국(류승수)

동물병원 수의사.

고교시절 방송반 때부터 거침없이 끼를 발휘한 인물로 유머와 과장의 대가이다. 다소 엉뚱하고 푼수끼가 있지만 자기 나름의 뛰어난 통찰력을 가지고 있는 인물. 민형과 유진으로 인해 괴로움에 빠진 상혁에게 적극적으로 도움을 많이 주고 상혁의 좋은 술친구가 되어준다.

고교시절, 진숙이 자신을 몰래 짝사랑한다는 것을 알고 장난으로 치부하고 이정아와 사랑에 빠지지만 결국 자신이 돌아갈 곳은 진숙이라

는 것을 알게 된다. 진숙이야말로 인간 권용국을 사랑하고 필요로 한다
는 것을 알게 된다고나 할까….

– www.kbs.co.kr

**01** 위 글 <겨울연가>의 등장인물 중 가장 매력적인 캐릭터를 찾아보자.

.................................................................................................................................

.................................................................................................................................

.................................................................................................................................

**02** 위 글을 읽고 등장인물들의 갈등 구조를 그려보자.

참고문헌

· 가톨릭대학교 교양교육원, 『분석과 창의적 문제해결』, 가톨릭대학교 출판부, 2005.

· 강범모 외, 『형식의미론과 한국어 기술』, 한신문화사, 1999.

· 그룬디, 『영어화용론의 실제와 연구』, 이원국 역, 한신문화사, 1998.

· 김득순, 『논리와 궤변』, 새날, 1993.

· 김득순, 『이야기 속의 논리학』, 새날, 1992.

· 김수현, 『드라마 아카데미』, 펜타그램, 2005.

· 김승종, 『올바른 사유와 글쓰기』, 전주대출판부, 2000.

· 김양호, 『화술과 인간관계』, 영언, 2001.

· 김종철, 『간디의 물레』, 녹색평론사, 1999.

· 김진호, 『숫자놀음 엎어치기』, 현암사, 1996.

· 김찬호, 『사회를 보는 논리』, 문학과 지성사, 2001.

· 다치바나 다카시, 『나는 이런 책을 읽어왔다』, 청어람미디어, 2001.

· 로버트 L. 윌크, 『아인슈타인이 이발사에게 들려준 이야기』, 이창희 역,
  해냄출판사, 2002.

· 루이 로랑 · 장클로드 프티, 『나노 기술, 축복인가 재앙인가?』, 이수지 역,
  민음in, 2006.

· 류시화, 『나는 왜 너가 아니고 나인가 : 인디언 방식으로 세상을 보는 법』,
  김영사, 2003.

· 리처드 폴 · 린다 엘더, 『생각의 기술, 논술의 기술 1 · 2 · 3』, 박진환 · 김혜숙 역,
  hotec, 2006.

· 모티머 J. 애들러 · 찰스 반 도렌, 『생각을 넓혀주는 독서법』, 독고 앤 역, 멘토, 2000.

- 모파상,『목걸이』, 소담출판사, 2002.
- 문중양,『우리 역사 과학 기행』, 동아시아, 2006.
- 바바라 G. 워커,『흑설공주 이야기』, 박혜란 역, 뜨인돌, 2002.
- 박수자,『읽기 지도의 이해』, 서울대 출판부, 2001.
- 박우현,『논리를 모르면 웃을 수 없다』, 한샘출판사, 1995.
- 박형수 외,『언어학 개론』, 형설출판사, 1993.
- 백선기,『대중문화―그 기호학적 해석의 즐거움』, 커뮤니케이션북스, 2004.
- 법정,『무소유』, 범우사, 2002.
- 성석제,『소풍』, 창비, 2006.
- 소강춘 외,『정보화 시대의 속해학습법』, 태학사, 2003.
- 손준권 외 3인,『통계학―개념과 제문제』, 자유아카데미, 1994.
- 송경숙,『담화 화용론』, 한국문화사, 2003.
- 스펠버 외,『인지적 화용론』, 김태옥 외 공역, 한신문화사, 1993.
- 시치아 외,『의미와 문법』, 이익환 외 공역, 한국문화사, 2004.
- 신영복,『감옥으로부터의 사색』, 돌베개, 1998.
- 신헌재 등 편,『독서교육의 이론과 방법』, 서광학술자료사, 1996.
- 심재기 외,『의미론 서설』, 집문당, 1998.
- 아리스토텔레스,『니코마코스 윤리학』, 최명관 역, 훈복문화사, 2005.
- 안경환,「그대를 도와줄 모든 것이 책 속에 있다오」, 동아일보, 2005. 10. 19. www.donga.com.
- 알란 크루스,『언어의 의미』, 임지룡 외 공역, 태학사, 2002.
- 어윈 J. W,『독서지도론』, 천경록 외 역, 박이정, 2003.
- 여성모임 사랑,『남성연구』, 나라사랑, 1993.
- 여성사연구모임 길밖세상,『20세기 여성사건사』, 여성신문사, 2004.
- 윌슨,『논리적으로 생각하기』, 윤희원 역, 책과 사람들,
- 유지나・변재란 엮음,『페미니즘/영화/여성』, 여성사, 1993.
- 유진희,『TV 드라마 잘 쓰기』, 서울문학포럼, 2004.
- 이경화,『읽기교육의 원리와 방법』, 박이정, 2003.
- 이성범,『언어와 의미』, 태학사, 1999.
- 이성범,『영어화용론』, 한국문화사, 2003.

- 이성범, 『추론의 화용론』, 한국문화사, 2002.
- 이어령, 『디지로그』, 생각의 나무, 2006.
- 이영태, 『수G 수리논술』, 수지출판사, 2005.
- 이은희, 『과학 읽어주는 여자』, 명진출판, 2003.
- 이월영 외, 『여성문학의 어제와 오늘』, 태학사, 2001.
- 이익환, 『의미론 개론』, 한신문화사, 1995
- 이인식 편, 『NANO : 나노기술이 미래를 바꾼다』, 김영사, 2002.
- 이재선, 『한국문학 주제론』, 서강대출판부, 1998.
- 이정우 외, 『철학으로 매트릭스 읽기』, 이룸, 2003.
- 장영란, 『신화 속의 여성, 여성 속의 신화』, 문예출판사, 1996.
- 전정재, 『독서의 이해』, 한국방송출판, 2003.
- 정희진, 『페미니즘의 도전』, 교양인, 2005.
- 제임스 캔턴, 『테크노 퓨처』, 허두영 역, 거름, 2001.
- 조영식, 『창조적 독서교육』, 인간과 자연사, 1999.
- 존 셰드, 『최신 의미론』, 이상철 역, 한국문화사, 2004.
- 최현섭 외, 『국어교육학개론』, 제2증보판, 삼지원, 2005.
- 켄로스, 『야구장으로 간 수학자』, 이은주 역, 휘슬러, 2005.
- 클라우스 슈밥, 『21세기 예측』, 장대환 역, 매일경제신문사, 1997.
- 타나구치 마사카즈, 『프레젠테이션의 성공법칙』, 나상억 역, 일빛, 2002.
- 탁석산, 『철학 읽어주는 남자』, 명진출판, 2003.
- 프리드리히 발레, 『이야기로 떠나는 수학여행』, 김이섭 역, 이지북, 2002.
- 하재봉, 『하재봉의 영화 읽기』, 예문, 1996.
- 한철우 외, 『과정중심 독서지도』, 교학사, 2001.
- 헨리 데이빗 소로우, 『월든』, 강승영 역, 이레, 1993.
- 형지영, 『통합적 독서교육』, 인간과자연사, 2001.
- 홍성욱, 『하이브리드 세상 읽기』, 안그라픽스, 2006.
- 황인성·정문열·장민선, 「인터랙티브 TV 드라마와 수용자 간의 상호작용성에 관한 연구 : 의사사회적 상호작용, 동일시, 프레젠스 그리고 시청만족도를 중심으로」, 『한국방송학보』 18, 한국방송학회, 2004.
- 홀포드 외, 『의미론 입문』, 류웅달 역, 한신문화사, 1995.

- http://www.cine21.co.kr
- http://www.reportworld.co.kr/search?qt=%C0%FC%C1%A6
- http://my.dreamwiz.com/pinggoo/%BE%F0%BE%EE-%C7%FC%BD%C4%B3%ED%B8%AE
  %C0%FC%C1%A6%BF%CD%20%B0%E1%B7%D0%C0%C7%20%C3%DF%B7%D0%20%C7
  %D0%BD%C0.htm
- http://cafe.daum.net/mihyunwoo
- http://www.joungul.co.kr/life/life5/자기개발_25366.asp

## 저자약력

**고은미**
현재 전주대학교 교양학부 객원교수
전북대학교 국어국문학과 및 동대학원 졸업
주요 논저 : 『디지털 시대의 글쓰기 1・2』(공저)
　　　　　　『리더를 키우는 독서기술』(공저) 등

**류수열**
현재 전주대학교 국어교육과 교수
서울대학교 국어교육과 및 동대학원 졸업
주요 논저 : 「읽기 교육과 글쓰기 교육에 대한 통합적 관점」
　　　　　　「화응형 시조를 통해 본 반응적 글쓰기의 가능성」 등

**박인성**
현재 전주대학교 교양학부 교수
고려대학교 대학원 철학과 졸업
주요 논저 : 『철학의 제문제』
　　　　　　『언어와 철학, 철학이야기』 등

**박정미**
현재 전주대학교 교양학부 객원교수
전주대학교 국어국문학과 및 동대학원 졸업

**송지영**

현재 전주대학교 교양학부 강사

전주대학교 국어교육과 및 동대학원 졸업


**이수라**

현재 전주대학교 교양학부 객원교수

전북대학교 국어국문학과 및 동대학원 졸업

문학 박사

주요 논저 :『명쾌한 디지로그 글쓰기』(공저)

　　　　　　『여성과 미디어』(공저) 등


**장미영**

현재 전주대학교 교양학부 교수

전북대학교 국어국문학과 및 동대학원 졸업

주요 논저 :『디지털 시대의 독서기법』(공저)

　　　　　　『신토피컬 논술의 원리와 실제1・2』(공저) 등


**장원길**

현재 전주대학교 건강자원학부 교수

서울대학교 화학교육과 및 서울대학교 대학원 화학과 졸업

주요 논저 :『과학적 사고와 과학 글쓰기』

　　　　　　「유기 반응에서의 메조포러스 분자체 Rb-AlKIT-1의 촉매 활성」


**주경미**

현재 전주대학교 교양학부 교수

단국대학교 국어국문학과 및 동대학원 졸업

주요 논저 :『정보화시대의 속해학습법』(공저)

　　　　　　『창의적 발상과 문화콘텐츠 작법』(공저) 등

**최경호**

현재 전주대학교 여론통계학과 교수

서울대학교 대학원 계산통계학과 졸업

주요 논저 : 『통계적 사고와 창의적 글쓰기』(공저)

　　　　　　『문제중심학습과 평가』 등


**편영수**

현재 전주대학교 언어문화학부 교수

서울대학교 인문대학 독문과 및 동대학원 졸업

주요 논저 : 『프란츠 카프카』

　　　　　　『독일 현대작가와 문학이론』(공저)